FÉ ADOLESCENTE

MACSUEL LOURENÇO

FÉ ADOLESCENTE

Da busca de identidade ao encontro com Deus.

Ágape

São Paulo, 2025

Editor: Luiz Vasconcelos
Coordenação editorial: Silvia Segóvia
Preparação: Debora Capella
Revisão: Andrea Bassoto
Diagramação: Manoela Dourado
Capa: Luis Antonio Contin Junior

Texto de acordo com as normas do Novo Acordo Ortográfico da Língua Portuguesa (1990), em vigor desde 1º de janeiro de 2009.

Dados Internacionais de Catalogação na Publicação (CIP)
Angélica Ilacqua CRB-8/7057

Lourenço, Macsuel
Fé adolescente : da busca de identidade ao encontro com Deus / Macsuel Lourenço. -- Barueri, SP : Ágape, 2025.
216 p.

ISBN 978-65-5724-176-9

1. Adolescentes - Vida cristã 2. Fé 3. Adolescentes – Estudos bíblicos I. Título

25-4293 CDD 248.83

Índices para catálogo sistemático:

1. Adolescentes - Vida cristã

Uma marca do Grupo Novo Século

Alameda Araguaia, 2190 – Bloco A – 11º andar – Conjunto 1111 CEP 06455-000 – Alphaville Industrial, Barueri – SP – Brasil
Tel.: (11) 3699-7107 | E-mail: atendimento@gruponovoseculo.com.br
www.gruponovoseculo.com.br

A todos os adolescentes que
buscam respostas na fé.
Que estas páginas sejam um
companheiro de jornada.

AGRADECIMENTOS

Não poderia começar agradecendo a outro senão a Deus. Ele que cuidou da minha vida para que eu pudesse aprender o que continuo aprendendo.

À minha esposa, companheira de viagens e sonhos.

Ao meu pequeno Adam, a inspiração para a aplicação máxima dos princípios desta obra.

A todos os meus alunos, ex-alunos e amigos. Vocês me ajudaram a cada etapa e me ensinaram cada pedaço do que construí aqui.

A toda a equipe da Ágape, na pessoa da Silvia Segóvia, que permitiram que uma simples ideia pudesse se tornar uma realidade palpável.

INTRODUÇÃO

ENTRE A ADOLESCÊNCIA E A FÉ

Que a vida humana é dividida em diversas fases é um fato. E, talvez, uma das fases de maiores mudanças seja a adolescência. Vamos com calma. Não estou dizendo que adolescentes são difíceis. Estou dizendo que é difícil ser um adolescente.

Considere os hormônios, por exemplo. Eles alteram o funcionamento corporal, acabam por prejudicar a visão que o adolescente tem de si mesmo, demandam novas rotinas de cuidados com o corpo, entre muitas outras coisas sobre as quais conversaremos mais à frente.

E o que dizer do fato de não serem considerados nem crianças, nem adultos? Pense no problema: já passaram da idade apropriada para serem tratados como dependentes no nível de uma criança, para receberem presentes de Dia das Crianças; contudo, do ponto de vista financeiro são dependentes como crianças, e, muitas vezes, são imaturos como crianças.

Além disso, os adolescentes enfrentam um problema extra: estão na fase em que mais decisões precisam ser tomadas. Faculdade, relacionamentos e futuro trabalho são assuntos cobrados deles constantemente, sem considerar a inexperiência desse grupo.

Pode parecer que são coisas simples, mas é um caldeirão de emoções para um público já sobrecarregado de turbulências hormonais. Sejamos sinceros: ninguém que já passou por essa fase tem saudades desse turbilhão, e nenhuma criança espera ansiosa pelo "incrível" momento em que será chamada de "aborrecente".

SER ADOLESCENTE É NAVEGAR NUM CALDEIRÃO DE EMOÇÕES - ONDE HORMÔNIOS, INSEGURANÇAS E A PRESSÃO DE DECISÕES DEFINEM O LIMBO ENTRE A INFÂNCIA E A MATURIDADE.

Diante de tantos desafios, como podemos ignorar as questões espirituais que surgem com essa galerinha? (Ops! Eles não gostam que os chamem assim). Tratar a espiritualidade dos adolescentes como se eles fossem crianças ou adultos é desconsiderar todos os reais contextos dessa etapa.

Por isso foi necessário escrever um livro que falasse especificamente de tal grupo. E mais: que falasse de um assunto pouco lembrado quando se trata dos conflitos nessa faixa etária: a fé!

Fé adolescente tem uma proposta dupla: o livro é tanto sobre a fé que os adolescentes têm quanto sobre um tipo específico de fé, em transição da fase infantil para a fase adulta de um relacionamento profundo (ou não) com Deus.

Você não entendeu errado. O intuito deste livro é provocá-lo a pensar a respeito do fato de que várias pessoas encaram a fé sob uma perspectiva muito adolescente. E isso não é ruim; eu diria que é incompleto. Uma transição importante, como a adolescência, entre uma fase simples (até simplória) para uma fase madura e robusta.

FÉ ADOLESCENTE PROPÕE UMA JORNADA DUPLA: ABORDA NÃO SÓ A FÉ QUE OS ADOLESCENTES TÊM, MAS TAMBÉM UMA FÉ EM TRANSIÇÃO, PASSANDO DO SIMPLES PARA O PROFUNDO RELACIONAMENTO COM DEUS.

Muitos adolescentes têm dificuldades com sua religião exatamente por estarem nessa espécie de limbo, bem pouco compreendido. É como se além de faculdade, relacionamentos e futuro trabalho, eles também fossem cobrados por uma espiritualidade que é influenciada por todas as mudanças pelas quais estão passando.

O que você tem em mãos não é um manual, mas uma reflexão sobre as necessidades espirituais de um grupo que tem sido ignorado muitas vezes no contexto da igreja. Você vai poder refletir, lembrar e decidir o que fazer com a sua fé, se for adolescente, ou decidir como cuidar melhor de adolescentes que estão próximos a você.

ESTE LIVRO É UMA REFLEXÃO SOBRE AS NECESSIDADES ESPIRITUAIS DE UM GRUPO MUITAS VEZES IGNORADO PELA IGREJA - UM CONVITE PARA REPENSAR E RESSIGNIFICAR A FÉ NA VIDA DOS ADOLESCENTES.

Agora que entendemos a necessidade de explorar a fé no contexto adolescente, vamos conhecer cada capítulo e como eles nos ajudam a navegar por essa jornada de descobertas.

No capítulo 1, você verá que a adolescência não pode ser definida apenas por idade, já que nem mesmo a ciência e a legislação conseguem estabelecer um consenso sobre esse período. O que sabemos é que essa fase é marcada por profundas transformações físicas, psicológicas e sociais. O corpo se desenvolve, a mente se adapta, e a identidade é constantemente questionada. É uma etapa de transição, em que tudo parece estar em movimento, e essa instabilidade impacta diretamente a maneira como os adolescentes enxergam o mundo e lidam com suas crenças. Nesse capítulo, exploraremos a complexidade dessa fase e como ela influencia o processo de amadurecimento da fé.

Estabelecidos esses princípios, o capítulo 2 mostrará que falar de fé pode parecer simples, mas, quando tentamos defini-la, percebemos o quão profunda e desafiadora essa questão é. Os adolescentes lidam com dúvidas, conceitos abstratos e dificuldades para encaixar a espiritualidade na vida prática. A Bíblia apresenta a fé como uma certeza construída, baseada em evidências e em um relacionamento genuíno com Deus. Aqui, mergulharemos na essência da fé, entendendo que ela vai muito além da crença cega e que seu papel é fundamental na jornada de crescimento espiritual.

Partindo para o capítulo 3, se a fé é convicção, onde entram as dúvidas? Muitos adolescentes são ensinados a evitar questionamentos, como se duvidar fosse sinônimo de falta de fé. Mas a verdade é que quase todos os grandes personagens bíblicos passaram por momentos de incerteza, e Deus nunca os rejeitou por isso. Nesse capítulo, trataremos as dúvidas como um instrumento poderoso para o fortalecimento da fé e exploraremos como enfrentar os questionamentos sem medo, mas com maturidade e busca por respostas bem-fundamentadas.

Uma fé imatura não significa uma fé ruim, apenas uma fé que ainda precisa crescer. Esse é o assunto do capítulo 4. Assim como a adolescência é uma fase de transição entre a infância e a vida adulta, a fé também passa por esse processo de amadurecimento. Um cristão pode permanecer infantil espiritualmente por anos se não souber aprofundar sua relação com Deus. Aqui, falaremos sobre os sinais da imaturidade espiritual, os desafios desse crescimento e como construir uma fé que se sustente além de emoções passageiras ou eventos religiosos.

O capítulo 5 explora a importância das práticas religiosas na adolescência. A fé não se desenvolve apenas com boas intenções. Para que a espiritualidade dos adolescentes seja fortalecida, é necessário que ela seja vivida na prática. Nesse capítulo, exploraremos algumas das principais disciplinas espirituais, como oração, estudo da Bíblia, envolvimento missionário e frequência à igreja. Além disso, veremos como a ciência comprova os impactos positivos dessas práticas na saúde emocional e no desenvolvimento do caráter, tornando a vivência da fé mais sólida e significativa.

Em seguida, no capítulo 6, o aspecto discutido é a controversa relação entre autoridade, rebeldia e fé. É natural que adolescentes questionem autoridades e se rebelem contra imposições. Isso faz parte do processo de construção da identidade, e sua relação com a fé não está isenta dessa crise. Muitos jovens se afastam da igreja não por perderem a fé, mas por não encontrarem espaço para expressá-la com autonomia. A igreja precisa entender esse contexto e atuar como um ambiente de acolhimento e discipulado, sem recorrer ao mero entretenimento, mas ao verdadeiro propósito cristão. Aqui, discutiremos como a igreja pode exercer autoridade sem ser autoritária.

A fé, porém, não pode ser vivida apenas no contexto religioso. Ela precisa fazer parte das rotinas, do cotidiano adolescente. É disso que trataremos no capítulo 7. A fé precisa estar integrada à vida real, moldando comportamentos e decisões em todos os ambientes onde o adolescente está inserido. Nesse capítulo, falaremos sobre como a espiritualidade pode ser vivida de forma autêntica em casa, na escola, nas amizades, no trabalho e até nas redes sociais. Em vez de tornar a fé um departamento isolado, mostraremos como ela pode ser uma visão de mundo que transforma a maneira de enxergar e viver a realidade.

Por último, o capítulo 8 reúne orientações para pessoas que acompanham adolescentes. Pais, professores, líderes religiosos e mentores têm um papel essencial no fortalecimento espiritual dessa fase da vida. Ofereceremos orientações práticas para quem deseja acompanhar e guiar os adolescentes sem impor uma religiosidade rígida, ajudando-os a construir uma fé genuína, relevante e madura. Afinal, a maneira como lidamos com essa fase pode definir o futuro espiritual de muitos jovens.

NA TURBULÊNCIA DA ADOLESCÊNCIA, QUANDO JÁ SE É VELHO DEMAIS PARA A DEPENDÊNCIA INFANTIL E AINDA IMATURO COMO CRIANÇA, DESCOBRIR UMA FÉ QUE TRANSFORMA É O MAIOR DOS DESAFIOS.

Os capítulos estão entremeados de experiências pessoais minhas e de alguns adolescentes para tornar os temas palpáveis. Nada cansativo, pelo contrário; o objetivo é aliviar a tensão reflexiva de alguns temas com histórias que os exemplifiquem.

Ao final de tudo, você ainda encontrará um bônus. O apêndice é composto de uma lista de livros que podem ajudar tanto adolescentes quanto líderes a aprofundarem os assuntos tratados em *Fé adolescente*. Não é uma mera lista. Fui criterioso em resumir a razão que me faz recomendar esses recursos, pois analisei cuidadosamente como eles podem contribuir para a jornada de fé de adolescentes e adultos.

Este livro foi pensado para ser um guia nessa jornada de fé adolescente, e agora, que você conhece a estrutura dos capítulos, é hora de mergulhar e descobrir mais sobre essa transição tão decisiva. Vamos juntos!

1.

O MUNDO EM TRANSIÇÃO

A própria definição de adolescência não é fácil de ser estabelecida. O site *Etimologia*, por exemplo, apresenta a origem do termo como relacionada à ideia de ir em direção ao crescimento.[1] O que, convenhamos, não significaria um período específico, já que todo indivíduo, antes da fase adulta, está em crescimento. Porém, o mesmo site afirma que a adolescência seria "um estágio específico dos seres humanos que vai do final da infância à idade adulta".[2] Sendo assim, as legislações dos países passaram a definir a idade desse estágio.

O Brasil, por exemplo, reconhece a convenção da Organização Mundial da Saúde (OMS), que definiu a adolescência como sendo entre os 10 e os 19 anos, 11 meses e 29 dias,[3] ainda que o Estatuto da Criança e do Adolescente, em seu Artigo 2º, descreva tal estágio como sendo aquele "entre doze e dezoito anos de idade".[4] Note que

---

1 VESCHI, B. Etimologia de adolescência. *Etimologia*, 2020. Disponível em: https://etimologia.com.br/adolescencia/. Acesso em: 12 mar. 2025.

2 *Ibidem*.

3 BRASIL. Ministério da Saúde. *Saúde de adolescentes e jovens*. Disponível em: https://www.gov.br/saude/pt-br/assuntos/saude-de-a-a-z/s/saude-do-adolescente. Acesso em: 6 mar. 2025.

4 BRASIL. *Lei nº 8.069, de 13 de julho de 1990*. Dispõe sobre o Estatuto da Criança e do Adolescente. Disponível em: https://www.planalto.gov.br/ccivil_03/leis/l8069.htm. Acesso em: 6 mar. 2025.

nem a legislação conseguiu abarcar a complexidade dessa definição.

Para complicar ainda mais, em 19 de janeiro de 2018, uma matéria veiculada no site da BBC News noticiou que cientistas australianos estariam sugerindo a mudança da idade de 19 anos (ou 20 incompletos) para 24 anos.[5] Isso pode até parecer uma mera tecnicidade, mas implica mudanças significativas na compreensão da adolescência em si.

E antes que você pense que estou criando um problema onde não existe, veja o que este trecho do livro *Desenvolvimento humano*, das psicólogas Diane Papalia e Gabriela Martorell, diz:

> A adolescência não é uma categoria física ou biológica claramente definida – é uma construção social. [...] Na maior parte do mundo, a adolescência leva mais tempo e é menos definida do que no passado. [...] o período da adolescência se estendeu, pois os jovens adultos tendem a permanecer na escola por mais tempo, casar e ter filhos mais tarde e estabelecer-se em carreiras permanentes posteriormente e com menos firmeza do que no passado.[6]

---

5 SILVER, K. Adolescência agora vai até os 24 anos de idade, e não só até os 19, defendem cientistas. *BBC News Brasil*, 19 jan. 2018. Disponível em: https://www.bbc.com/portuguese/geral-42747453. Acesso em: 6 mar. 2025.

6 PAPALIA, D. E.; MARTORELL, G. *Desenvolvimento humano.* Porto Alegre: AMGH, 2022. p. 321.

Se biologicamente é difícil definir, no campo da psicologia o conceito só foi discutido a partir da segunda metade da década de 1970, com obras como *Identidade, juventude e crise*, de Erik Erikson, e *A condição juvenil: crítica à psicologia do adolescente e do jovem*, ainda que a fase em si já fosse discutida em obras do século XIX[7]. Acontece que, de lá para cá, o mundo mudou demais, e os adolescentes também. Mas acalme-se! Existe luz no fim do túnel (e não é o farol de um trem).

Apesar de não haver precisão nas definições de idade da adolescência, existem comportamentos e desenvolvimentos corporais que são típicos da fase e nos ajudam a compreender melhor as lutas que todos enfrentam durante o período.

A ADOLESCÊNCIA NÃO É APENAS UMA QUESTÃO DE IDADE, MAS UM PERÍODO DE TRANSFORMAÇÃO EM QUE IDENTIDADE, EMOÇÕES E FÉ SE ENTRELAÇAM EM BUSCA DE SENTIDO.

Antes de continuarmos esse raciocínio, precisamos relembrar algo importante: a adolescência é uma transição. E, como toda transição, há um emaranhado de relações entre a fase anterior e a fase posterior. Além do mais, a fase posterior (adulta) é variável de acordo com a construção social de cada povo.

7 BOCK, A. M. B.; FURTADO, O.; TEIXEIRA, M. de L. T. *Psicologias*: uma introdução ao estudo da psicologia. São Paulo: Saraiva, 2008. p. 297-298.

Isso significa que, ainda que tenhamos alguns pontos em biologia, psicologia e antropologia para considerar, não seria sábio e muito menos justo com os adolescentes tachar essa fase disso ou daquilo. Portanto, nossa discussão, a partir de agora, dar-se-á em uma zona cinzenta do desenvolvimento humano. Uma área pouco definida, mas muito discutida.

FATORES BIOLÓGICOS

O fator biológico responsável por marcar o início da adolescência é a puberdade. Não quero me ater a questões técnicas sobre essa fase, portanto vou apenas resumir dizendo que o corpo do adolescente passa por uma injeção de hormônios que fazem aflorar, principalmente, as questões sexuais.

Essa produção hormonal causa mudanças significativas no corpo do menino e da menina. Há uma maturidade dos órgãos sexuais, um aumento significativo de pelos em diversas regiões do corpo e um amadurecimento da pele, que dá origem a espinhas e cravos. Além dessas mudanças, existe uma que causa dificuldades pouco percebidas por aqueles que lidam com adolescentes: a mudança em altura, peso, musculatura e ossatura.[8]

Mas espere um pouco: essas últimas mudanças são as mais percebidas durante a adolescência!

---

8 PAPALIA, D. E.; MARTORELL, G. *op. cit.* p. 322-325.

E você está coberto de razão se pensou isso. O problema é que as dificuldades que essas mudanças costumam trazer são muito ignoradas. E posso dar alguns exemplos.

Pelo fato de os pés crescerem, não é incomum adolescentes chutarem as coisas enquanto andam e até tropeçarem. A dinâmica de funcionamento da pisada e das viradas necessárias para determinados movimentos precisa mudar, mas ainda não há o costume disso. A curva fechada para passar atrás de uma mesa ou em um canto de parede já não funciona tão bem como antes.

O tamanho das mãos muda; logo, o jeito de segurar, a força empregada e a velocidade necessária para pegar determinados objetos de costume também precisam mudar. Por isso é comum adolescentes derrubarem ou acertarem coisas enquanto movimentam as mãos e os braços. Isso também acontece à mesa, por exemplo, onde se modifica o espaço adequado entre o prato e o copo.

Ainda, os adolescentes têm de se adaptar aos espaços com a nova altura do corpo, o que gera desafios específicos, como evitar bater a cabeça em objetos ou determinados pontos do ambiente, visto que a percepção muda. Você já deve ter entendido a lógica.

E se acha que estou delirando ao fazer essa análise, é só pensar em algum lugar que você visitou na infância e só voltou a visitar na fase adulta. Sem dúvida, uma das coisas mais comuns é a impressão de que o espaço era maior. Viu como, embora a mudança física dos adolescentes seja perceptível, é fácil ignorar os problemas?

E olhe que só passamos por pontos mais evidentes da biologia do adolescente! Existem outros que tornam tudo ainda mais difícil.

FATORES PSICOLÓGICOS

"Não apenas a aparência dos adolescentes é diferente de quando eram crianças, mas eles também pensam e falam de maneira diferente. A velocidade do processamento de informação deles continua a aumentar."[9]

Funciona assim porque o cérebro do adolescente também está se desenvolvendo. Há um fortalecimento das conexões neurais, começando na parte posterior e indo em direção ao córtex pré-frontal. Como a parte posterior, responsável pelo sistema de recompensas, desenvolve-se primeiro, os adolescentes tendem a querer respostas rápidas (satisfatórias) acima de respostas mais bem elaboradas, que careçam de raciocínios mais profundos. Por isso eles tendem a ser mais impulsivos e menos racionais.[10]

Isso tudo os coloca em risco quando o assunto são comportamentos de impacto emocional, como atividade física, sono, alimentação e uso de substâncias entorpecentes. Esses comportamentos alteram o funcionamento cerebral e atrapalham aquilo que já está difícil por conta do desenvolvimento ainda incompleto.[11]

---

9 *Idem.* p. 337.

10 *Idem.* p. 327-328.

11 *Idem.* p. 328-335.

Veja que não tem a ver com aguentar (ou não) fazer as coisas, como normalmente os adolescentes argumentam, mas com a deturpação de atividades cerebrais que podem gerar má-formação permanente ou os colocar em situações de risco pela incapacidade de usarem o córtex pré-frontal para tomar decisões mais acertadas.

FATORES IDENTITÁRIOS (IDENTIDADE E ESPIRITUALIDADE)

Outra questão importante na fase da adolescência é a identidade. Kara Powell e Brad Griffin apontam que três questões básicas formam a preocupação dessa fase: (1) Quem eu sou?; (2) onde eu pertenço?; (3) Que diferença eu posso fazer?

Em ordem inversa, a última lida com **propósito**, de que forma os adolescentes podem ajudar o mundo. A segunda trata do **pertencimento**, a maneira como eles se conectam com outras pessoas. E a primeira se refere especificamente à questão da **identidade**, o jeito como eles enxergam a si mesmos.[12]

Apresentei em ordem inversa porque quero me concentrar especificamente na questão da identidade. Em *Meu filho chegou à adolescência, e agora?*, Leo Fraiman traz uma lista de questões em definição na adolescência; veja algumas a seguir.

12 POWELL, K.; GRIFFIN, B. M. *3 big questions that change every teenager*. Grand Rapids: Baker Books, 2021. p. 35.

- Quem desejamos e quem rejeitamos afetivamente.
- A quantas redes sociais pertencer.
- O que expor de nós mesmos nas redes sociais.
- Com quem nos sentimos bem ao trocar ideias.
- Em que valores acreditamos.
- Como passar nosso tempo livre.
- Nossa filosofia de vida.
- Se continuamos com a religião de nossos pais ou a abandonamos.
- Que tipo de alunos seremos.
- Que regras aceitaremos e quais debateremos.

Ele ainda afirma que "em um momento tão rico em definições, é de se esperar que a mente se volte para dentro, a fim de que as verdades pessoais sejam formadas de modo autêntico". E ainda que pareça ser uma postura por demais egoísta, é exatamente assim que as coisas precisam acontecer.[13]

Com isso, podemos afirmar que a adolescência também é a fase em que a pessoa precisa voltar-se para o desenvolvimento de seu eu. Se isso acontecer de forma errada, pode acarretar problemas emocionais, como depressão, ansiedade, fobia social, timidez excessiva e outros, capazes de gerar desafios sociais permanentes na vida. Ainda, a pessoa pode seguir para outro extremo, o de achar que o mundo inteiro existe só para satisfazer o ego. Diante dessa perspectiva, o adolescente pode se expor a comportamentos de risco, como consumo de substâncias, sexualidade de risco, atividades perigosas no

13 FRAIMAN, L. *Meu filho chegou à adolescência, e agora?* São Paulo: Integrate, 2022. p. 25-26.

trânsito, falta de cuidado no uso de redes sociais, *bullying* e *cyberbullying*, exposição pessoal (nudes e afins), vício em jogos, bem como desobediência a regras e normas – e essa lista poderia ser bem mais longa, sem dúvidas.

Conseguiu perceber a vulnerabilidade que a formação do ego traz? É um emaranhado de possibilidades positivas e negativas. E você pensando que tudo que um adolescente deveria fazer era estudar...

Então imagine todas essas questões biológicas, psicológicas e identitárias acontecendo ao mesmo tempo na cabeça de alguém pressionado, de todos os lados, a tomar decisões capazes de definir o restante de sua vida! É responsabilidade demais!

O impacto disso tudo em questões aparentemente simples, como sexualidade, profissão, estudos e finanças, é inimaginável.

FATORES ESPIRITUAIS

E o que dizer, então, da fé?

É comum que os adolescentes questionem os valores religiosos e as doutrinas morais que receberam na infância. Agora imagine uma situação em que os valores religiosos tenham sido impostos pela força da autoridade dos pais. Nessa situação, em vez de os pais tratarem seriamente as questões, simplesmente respondem as dúvidas referentes à fé de maneira fria. O resultado tende a ser a ruína desses valores quando a autoridade dos pais passar a ser questionada.

Perceba uma coisa: a autoridade será questionada. As dúvidas referentes à fé precisam, portanto, ser abordadas com cuidado pelos pais ou por aqueles que lidam com os adolescentes. Não se pode enxergar tais indagações como mera revolta ou desvio dos valores ensinados pela família.

A TRANSIÇÃO ENTRE INFÂNCIA E VIDA ADULTA ACONTECE NÃO SÓ NO FÍSICO, MAS TAMBÉM NO ESPIRITUAL - E É NESSE PROCESSO QUE A FÉ PODE SER FORTALECIDA OU QUESTIONADA.

Eu me lembro de uma ocasião em que dividi uma turma de adolescentes em dois grupos para discutirem a respeito da existência e do caráter de Deus. Enquanto um grupo deveria defender que Deus existe e é bom, o outro deveria defender que Ele não existe, mas se existir não é bom nem poderoso o bastante (com base no trilema de Epicuro).

Após a divisão, o grupo mais adepto das práticas religiosas ficou com o posicionamento contrário a Deus. Fiz essa escolha de propósito, claro. Queria que eles tivessem a chance de fundamentar suas dúvidas para que, posteriormente, eu pudesse respondê-las durante as aulas.

O resultado foi muito positivo, mas um episódio específico me fará não esquecer disso. Uma mãe me procurou na igreja, pois soube do trabalho e quis questionar o motivo de eu ter deixado a filha dela em um grupo que negaria Deus. Na dúvida sincera dessa mãe, eu poderia destruir a fé de sua filha. Argumentei com ela, na ocasião, que sendo eu o professor de ensino religioso para os alunos daquela turma de ensino médio, era muito mais seguro que eu fizesse esses questionamentos em um ambiente controlado do que as dúvidas surgissem diante de um professor ateu. Isso porque o professor ateu não estaria preocupado em fundamentar a fé, apenas em destruí-la.

Essa situação me mostrou como é difícil para pais e responsáveis racionalizarem as dúvidas de seus filhos. E, por não racionalizarem, quando elas aparecem, muitos se desesperam. Uma das razões para esse desespero é o fato de boa parte das indagações ser difícil de responder, especialmente quando a fé do pai ou da mãe também foi fundamentada no princípio da autoridade.

Mas, apesar das dificuldades que a adolescência pode trazer no relacionamento com a fé, existem elementos da fé que ajudam a encontrar respostas para as questões em conflito durante essa fase.

Se lidamos com as questões biológicas, por exemplo, a fé pode dar a segurança de que Deus cuida da vida desde sua origem (Jeremias 1:5). Se o foco são as questões psicológicas, Jesus disse: "Vinde a mim, todos os que estais cansados e sobrecarregados, e eu vos aliviarei. Tomai sobre vós o meu jugo e aprendei de mim [...]" (Mateus 11:28-29 - ARA[14]). Agora, se o assunto são as questões de identidade, aí temos muito mais a dizer.

---

14 ARA - Almeida Revista e Atualizada: versão bíblica utilizada em todo o livro, exceto quando indicado diferente.

RELACIONANDO A FÉ COM A IDENTIDADE

"Quem eu sou?" é uma pergunta considerada a base do pensamento filosófico. Diz-se que os gregos começaram com a filosofia por volta do quinto século antes de Cristo. Porém, essa dúvida, com certeza, é mais antiga. Ela aparece, pelo menos, de duas formas na Bíblia, por cinco vezes: "Que é o homem?" (Jó 7:17; Salmo 8:4; Salmo 144:3 e Hebreus 2:6) e "Pois em que é ele [o homem] estimado?" (Isaías 2:22). Ou seja, muito antes dos gregos (Davi viveu por volta do ano 1000 a.C.), a Bíblia já se preocupava com a questão da identidade do ser humano, e os adolescentes não são exceção.

Quando um adolescente entra em crise de identidade, está trazendo para sua própria formação um questionamento que todos deveriam fazer em algum momento. E quando adicionamos pitadas de fé nessa sopa, podemos ter certeza de que será mais fácil lidar com a questão em si.

Por isso C. S. Lewis escreveu: "Quanto mais abrimos mão de 'nós mesmos' e deixamos Cristo assumir o controle, mais verdadeiramente nos tornamos nós mesmos".[15] E ele disse mais: "É só quando me volto para Cristo, só quando abro mão de mim mesmo para entregar-me à sua Pessoa que começo a ter uma personalidade realmente minha".[16]

---

15 LEWIS, C. S. *Cristianismo puro e simples*. Rio de Janeiro: Thomas Nelson Brasil, 2017. p. 284.

16 *Idem*. p. 285.

Veja que Lewis atrela a personalidade de um indivíduo à maneira como ele se relaciona com Deus. Assim, não podemos ignorar que pessoas com uma fé mais forte tendem a ser mais confiantes ao lidarem com os problemas pessoais, ou seja, a religião "ajuda a edificar sua fé e a permanecer firmes e contentes, mesmo diante da adversidade".[17]

> Uma pessoa de fé, que aceita a revelação dada por Deus, terá à disposição as melhores respostas [...] e será capaz de enfrentar a jornada da vida com muito menos ansiedade, temor e incerteza do que uma pessoa destituída de fé.[18]

Para o neuropsiquiatra austríaco Viktor Frankl, ao ser humano foi dada uma personalidade preocupada com o senso de sentido. Ele afirma que "o ser do homem (em alemão, *menschliches Sein*) sempre já é ser em função de um sentido, mesmo que não o conheça".[19] E esse sentido está diretamente relacionado à identidade que o indivíduo recebeu de Deus. Para Frankl, "o sentido da vida não pode ser inventado, ele precisa ser descoberto",[20] o que significa que alguém colocou esse sentido em nós.

Por isso tudo, um adolescente que tenha plena convicção da presença de Deus em sua vida poderá lidar

---

17 MELGOSA, J. *Crer faz bem*. Tatuí: Casa Publicadora Brasileira, 2015. p. 82.

18 *Ibidem*.

19 FRANKL, V. *A presença ignorada de Deus*. Petrópolis: Vozes, 2007. p. 76.

20 *Idem*. p. 83.

mais facilmente com a formação de sua identidade. Identidade essa que se baseará não na autoridade dos pais, professores ou líderes religiosos, mas na autoridade d'Aquele que é a Suprema Autoridade para determinar quem devemos ser e o que devemos fazer. Afinal de contas, "Deus é o parceiro dos nossos mais íntimos diálogos conosco mesmos".[21]

Consideremos o que vimos até aqui. A adolescência é um período de muitas transformações, no qual existe uma sobrecarga hormonal que altera significativamente o corpo e a mente dos adolescentes. Essa sobrecarga os coloca em xeque com aquilo que desenvolveram em sua infância. É o momento em que seus valores pessoais são construídos para o futuro.

O maior desses desafios é a construção de sua própria identidade adulta, que ocorre mais facilmente quando as bases religiosas levam o adolescente a confiar nos propósitos de Deus para sua vida. Isso, por si só, não resolve os problemas, mas garante mais tranquilidade ao lidar com todas as suas questões.

ENQUANTO O MUNDO TENTA ENCAIXAR A ADOLESCÊNCIA EM RÓTULOS, A REALIDADE É QUE ESSA FASE É UM TERRITÓRIO FLUIDO, ONDE IDENTIDADE E CRENÇAS SE CONSTROEM AOS POUCOS.

21 *Idem*. p. 112-113.

É fácil falar tudo isso com a idade que tenho atualmente e já tendo enfrentado essa fase e todas as nuances dela em minha vida. Mas, como espero continuar mostrando neste livro, é possível passar por essa etapa com uma fé firme o bastante para não deixar que tudo se perca ou fique ainda mais complexo.

A ADOLESCÊNCIA É UM CAMPO DE BATALHAS INVISÍVEIS: HORMÔNIOS, EXPECTATIVAS, COBRANÇAS - E, NO MEIO DISSO TUDO, O DESAFIO DE ENCONTRAR PROPÓSITO E FÉ.

Estabelecidos os princípios que regem a problemática adolescente, chegou a hora de avançarmos para uma compreensão mais profunda da fé e de sua relação com a vida comum do adolescente – assunto do próximo capítulo.

2.

DESVENDANDO A FÉ

A Bíblia define fé como "a certeza de coisas que se esperam, a convicção de fatos que se não veem" (Hebreus 11:1). Mas convenhamos que essa definição é bastante teórica e pouco prática. Quer ver só?

Perguntei para adolescentes do meu convívio o que eles conseguiam entender desse trecho de Hebreus. Algumas das respostas que recebi demonstram a dificuldade de se compreender a mensagem claramente.

FÉ NÃO É ACREDITAR SEM PENSAR, MAS CONFIAR COM FUNDAMENTO - UM FIRME ALICERCE, NÃO UM SALTO NO ESCURO.

"A fé muitas vezes é colocada em algo que é esperado que venha dela, e ela muitas vezes nos mostra algo que não é possível ver com os próprios olhos." Nessa explicação, vemos a perspectiva das soluções. Para essa adolescente, a fé está conectada a respostas, que nem sempre temos da forma que gostaríamos.

"Fé é ter certeza de algo sem precisar de provas. Mas sem evidências, qualquer crença pode parecer válida, mesmo que não seja verdadeira." Outro, ainda, respondeu: *"A fé é algo que cremos com certeza em nossa alma, mesmo que não possamos ver com nossos olhos. Seria a fé a crença em algo abstrato, e não totalmente*

concreto". Todas as respostas mostram a fé como algo não palpável, difícil de ser definido em termos práticos.

"A fé é baseada naquilo que não vemos...". E isso é curioso porque, apesar de a Bíblia apontar para essa direção, o texto bíblico está mais relacionado com o futuro, o que ainda não aconteceu, do que com o passado, que seria a base da fé.

Agora, essa última resposta me fez pensar um pouco mais. *"Acredito que isso é verdade, mas quando eu esperava, eu não via nada acontecer, nada mudava"*. Essa adolescente colocou para fora a sua angústia ao perceber que esse texto pouco significa em termos práticos para ela – o que nos leva à necessidade de entendermos melhor o que diz Hebreus 11.

A palavra "fé", presente na passagem, vem do grego *pistis*, que pode significar simplesmente uma crença, mas também uma convicção moral. É o substantivo de *peitho*, cujo significado inclui: conquistar, persuadir. Em grego ainda, seria sinônimo de *pepoithesis*: confiança.

Já o termo "convicção", também presente no texto, implica a ideia de prova, evidência, ou, em sentido figurado, uma persuasão garantida. Sinônimo ainda de *krisis*: juízo, julgamento.

SE FÉ FOSSE CEGA, SERIA APENAS UM PALPITE; MAS A FÉ BÍBLICA É CONVICTA, CONSTRUÍDA SOBRE RAZÕES SÓLIDAS E EXPERIÊNCIAS REAIS.

Esse monte de termos gregos nos ajuda a entender que, em Hebreus, a fé não é meramente uma esperança, é um "firme fundamento" (como na versão Almeida Revisada) sobre o qual julgamos o bastante para concluir uma crença. A crença, portanto, não se baseia em uma hipótese, mas em algo conquistado, confirmado, provado, evidenciado, devidamente julgado procedente.

Fé não é dúvida, não é incerteza, não é indecisão e não é insegurança. É o oposto de tudo isso. E no caso da fé em Deus, a fé bíblica, temos evidências suficientes para confiar n'Aquele que fez todas as promessas.

Outro texto bíblico interessante para a nossa discussão é Romanos 10:17. Nele, o apóstolo Paulo retrata a fé como algo desenvolvido a partir da pregação da palavra de Cristo. Logo, a fé não é natural para o ser humano; ela depende, necessariamente, de se dar ouvidos ao que é dito a respeito de Cristo e com base n'Ele. É um processo que precisa ser construído, não meramente algo a ser conquistado.

A FÉ NÃO NEGA A REALIDADE; PELO CONTRÁRIO, PERMITE-NOS ENXERGÁ-LA COM MAIS CLAREZA E ESPERANÇA.

A fé também é retratada por Cristo, aparentemente, como uma espécie de superpoder. Ele disse: "Tende fé em Deus; porque em verdade vos afirmo que, se alguém disser a este monte: ergue-te e lança-te no mar, e não duvidar no seu coração, mas crer que se fará o que diz, assim será com ele". E depois concluiu: "Por isso, vos digo que tudo quanto em oração pedirdes, crede que recebestes, e será assim convosco" (Marcos 11:22-24).

Note que, nessas afirmações, Cristo atribui um poder sobrenatural à fé. É óbvio que não estamos falando apenas de coisas absurdas do nível literal que Jesus coloca, mas de coisas que aparentemente são impossíveis, contudo acontecem quando atreladas à fé.

No livro *Crer faz bem*, o psicólogo Julián Melgosa defende que a religião oferece orientações simples, porém carregadas de um profundo significado e capazes de estabelecer metas que facilitam a elaboração de soluções estruturadas para as complexidades da vida.[22] De forma complementar, Ozeas Moura sugere que, ao interagir com os ensinamentos contidos na Bíblia, a mente humana é ampliada e fortalecida, e que a prática contínua de seus preceitos impulsiona a expansão do entendimento em todas as áreas do saber.[23]

Ou seja, não apenas o sobrenatural, no sentido transcendente, mas até mesmo aquilo que é natural torna-se diferenciado pela maneira como a mente se desenvolve em contato com as crenças.

A fé também é descrita por Paulo como um mecanismo pelo qual a graça passa a fim de chegar ao ser humano (Efésios 2:8). E nesse caso, eu gosto de fazer uma analogia com uma caixa-d'água em uma casa. É como se a graça fosse uma caixa-d'água sempre cheia. Ela, por si só, não resolve o problema da sede ou da necessidade de água,

---

22 MELGOSA, J. *op. cit.* p. 9.

23 MOURA, O. C. A Bíblia na educação adventista. *In*: SUÁREZ, A. S. (org.). *Manual do educador*: princípios para integrar a fé e o ensino-aprendizagem. Engenheiro Coelho: UNASPRESS, 2015. p. 38.

porque é necessário um conduto pelo qual essa água possa passar. Esse conduto seria a fé. A fé, portanto, é um meio, um canal pelo qual a graça chega ao ser humano.

Paulo ainda afirma que é "mediante a fé em Cristo Jesus" que o ser humano é justificado (Gálatas 2:16). Assim, a salvação também depende de aspectos da fé. E, em nossa analogia da caixa-d'água, a salvação seria a própria água que sai da graça, passando pela fé até chegar em nós.

Já Tiago, ao falar sobre pedir sabedoria a Deus, contrasta fé com dúvida ao dizer: "Peça-a (a sabedoria), porém, com fé, em nada duvidando; pois o que duvida é semelhante à onda do mar, impelida e agitada pelo vento" (Tiago 1:6). É como se Tiago dissesse que a pessoa com fé não é "agitada pelo vento"; ela é estável, segura, exatamente por não estar cercada de dúvidas.

Pedro, por sua vez, explora a ideia de que a fé tem uma finalidade: "A salvação da vossa alma" (I Pedro 1:9). A fé, portanto, é uma ferramenta indispensável na relação entre o homem e Deus, porque, como disse o apóstolo Paulo: "Sem fé é impossível agradar a Deus" (Hebreus 11:6). E essa relação é, necessariamente, uma relação salvífica, ou seja, para a salvação do homem.

É curioso que a fé não é um veículo pelo qual a salvação transcorre apenas no Novo Testamento. Em Habacuque 2:4, repetido por Paulo em Gálatas 3:11, o profeta afirma que "o justo viverá pela sua fé". Isso indica que a fé não é algo que acompanha apenas a salvação do ser humano; precisa acompanhar também o seu cotidiano, fazer parte do seu dia a dia.

Tanto é assim que o apóstolo João afirmou que "esta é a vitória que vence o mundo: a nossa fé" (I João 5:4). Com isso, o apóstolo considera que o lidar com o mundo, o cotidiano, depende fundamentalmente da presença da fé na vida daquele que crê. Sem essa fé, o resultado será a derrota.

Imagine um adolescente que não considere importante a questão da fé. Ele precisará lidar com todos os problemas dessa fase da vida sem a confiança no auxílio e na graça de Deus para enfrentá-los. É óbvio, portanto, que ao lidar sozinho com os problemas, ele terá muito mais dificuldades pessoais, emocionais e, principalmente, religiosas.

Ao discutirmos a natureza da fé, precisamos entendê-la como uma oferta, ou presente, de Deus. É isso o que diz Romanos 12:3 ao mencionar a "medida de fé que Deus repartiu a cada um". Então, a fé é essencialmente um presente de Deus.

Em Marcos 9:23-24, a fé pode ser vista como sinônimo de crença. Nessa história, Jesus se dispõe a ajudar um pai cujo filho é possuído por demônios. Jesus interpela o pai até que o ouve claramente pedindo ajuda. Nesse momento, Jesus responde: "Tudo é possível ao que crê. E imediatamente o pai do menino exclamou [com lágrimas]: Eu creio! Ajuda-me na minha falta de fé!". Para aquele pai, ficou evidente que Jesus estava falando de fé.

Por fim, a fé é retratada como um instrumento de defesa em Efésios 6:16. Nesse texto, a fé é um escudo "com o qual podereis apagar todos os dardos inflamados do Maligno". Os ataques feitos por Satanás só podem ser defendidos com fé, com a confiança plena em Deus.

A fé, portanto, é retratada na Bíblia como uma certeza, algo externo ao homem, um superpoder, um instrumento de expansão da mente, um canal, uma base segura, uma vitória, uma oferta, sinônimo de crença e defesa. Tudo isso nos levando a concluir que fé não é algo simples em sua definição. Sua aplicação na vida é ampla o bastante para que alongássemos este capítulo por páginas e páginas, o que não farei.

Gosto da fala de Frankl sobre a fé: "A fé não é uma maneira de pensar da qual se subtraiu a realidade, mas uma maneira de pensar à qual se acrescentou a existencialidade do pensador".[24]

Fé não é coisa simples, e adicionar o elemento religião ao assunto fé torna tudo ainda mais complexo. O poeta Fernando Pessoa talvez seja um exemplo, por meio de suas obras, de toda essa complexidade de entendimento a respeito da religião, apesar de não o considerarmos um adolescente. Diversos trechos de suas obras apontam para a dificuldade de incluir a fé nas rotinas da vida sem tornar isso uma mera religião de fachada.

24 FRANKL, V. *op. cit.* p. 116.

Dá-nos a Tua paz,
Deus Cristão falso, mas consolador, porque todos
Nascem para a emoção rezada a ti;
Deus anticientífico mas que a nossa mãe ensina;
Deus absurdo da verdade absurda, mas que tema a verdade das lágrimas
Nas horas de fraqueza em que sentimos que passamos
Como o fumo e a nuvem, mas a emoção não o quer,
Como o rasto na terra, mas a alma é sensível...

Dá-nos a Tua paz, ainda que não existisses nunca,
A Tua paz no mundo que julgas Teu,
A Tua paz impossível tão possível à Terra,
À grande mãe pagã, cristã em nós a esta hora
E que deve ser humana em tudo quanto é humano em nós.[25]

Reparou como a ideia de Deus era complexa para o autor? Havia uma necessidade, mas as dúvidas geravam ainda mais incertezas a respeito de quem esse Deus seria.

Nas palavras de uma adolescente (que vou chamar de A):

Eu falava com Deus, e Ele nunca respondia, até nos momentos mais difíceis, quando eu me

25 PESSOA, F. Não a Ti, *Cristo, odeio ou menos prezo.* Lisboa: Guerra e Paz, 2018. p. 108.

sentia esgotada e sozinha, eu me ajoelhava no chão, quase implorando por uma resposta; eu chorava e pedia alguma ajuda, mas eu nunca recebi nenhuma, nem um sinal, qualquer coisa que me desse um conforto sobre Deus, ou sobre minha situação. Minha mãe sempre disse que eu não orava certo, ou, então, que eu não tinha fé suficiente, mas só eu sei o quanto eu pedi. Eu sei o quanto esperei. Mas com o tempo eu só pensava que talvez Deus não quisesse me conhecer, ou talvez Ele nem existisse.

Perceba que a ideia repassada por essa adolescente era de que Deus responderia da forma como ela sempre ouviu. Mas a não adequação dos métodos à resposta de Deus acabou afastando-a da própria ideia de Deus. Fé não é simples da perspectiva adolescente, ou pelo menos o que dizemos sobre a fé não se adequa à realidade que eles enfrentam. E não termina por aí.

O adolescente B, contando as histórias complicadas que envolveram seu nascimento, afirmou:

Acredito que, independentemente de alguém crer ou não em Deus, a fé é algo poderoso que impulsiona a vida. Ela nos ajuda a seguir em frente, fortalece a mente e desenvolve tanto o lado espiritual quanto o emocional. Mas, para quem acredita em Deus, a fé se torna ainda mais especial, pois Ele está sempre presente ao lado de quem confia n'Ele.

Note o quanto a fé é fundamental para esse adolescente e compare com a perspectiva negativa desenvolvida pela adolescente A. São lados opostos de uma mesma necessidade. E por conhecê-los, posso confirmar a diferença que a crença tem na vida de ambos.

Nas palavras atribuídas a Albert Einstein: "Só há duas maneiras de viver a vida: a primeira é vivê-la como se os milagres não existissem. A segunda é vivê-la como se tudo fosse milagre". E complemento com outro trecho compartilhado pelo adolescente B:

> *A fé é a voz que clama no silêncio da incerteza, a chama que não se apaga mesmo quando os ventos sopram contra. Quando tudo parece distante, é ela que mantém o coração firme e os passos seguros, pois acreditar é o primeiro passo para ver o impossível acontecer.*

Agora, se a definição de fé já não é tão simples para um poeta, imagine nós entendermos o papel que a fé pode desempenhar!

Em I Coríntios 16:13, Paulo fala de permanecer "firmes na fé". Ele entendia, portanto, a fé como um alicerce sobre o qual a vida do cristão deve estar baseada. Não há como se apoiar seguramente em outra coisa. Por isso podemos afirmar que a fé é um instrumento de apoio e orientação.

Lembra quando falamos da expansão da mente? A fé nos permite, como já afirmou Melgosa, "enfrentar a jornada da vida com muito menos ansiedade, temor e incerteza".[26] Por quê? Por uma razão simples: a mente cria conexões espirituais com assuntos que não são considerados tão espirituais assim.

Essa ideia me remete a um episódio. Após uma aula, uma aluna me fez um questionamento interessante: como era possível que eu falasse de ensino religioso relacionando com quadrinhos, filmes e séries da Marvel e da DC? Aquela aluna entendia a fé como um departamento da vida; mas, para mim, é uma questão de cosmovisão, é o meu jeito de enxergar o mundo.

Estudos já comprovaram benefícios do comprometimento com os próprios princípios e crenças, como: "melhor desempenho acadêmico na juventude, evita comportamentos de risco (delinquência, drogas), melhora as interações pessoais e entre pais e filhos", bem como saúde geral aprimorada e maior longevidade.[27]

Ainda de acordo com Melgosa,

> embora uma pessoa de fé não necessite ter conhecimento dos processos eletroquímicos associados com as orações que faz, é maravilhoso poder ter pelo menos um vislumbre de como

26 MELGOSA, J. *op. cit.* p. 9.
27 *Idem*. p. 229.

> Deus concebeu todo o processo de comunicação no ser humano.[28]

É importante também entendermos que a fé nunca foi estática. E não me refiro à afirmação de Tiago de que "a fé, se não tiver obras, por si só está morta" (Tiago 2:17). Estou falando de desenvolvimento da fé. Foi Jesus quem disse: "Por causa da pequenez da vossa fé" (Mateus 17:20). Ou seja, para Jesus, a fé é também uma questão de tamanho. Alguns têm fé pequena; já outros, fé maior. E como saber se a minha fé tem crescido, ou mesmo se é pequena ou grande?

Tamanho de fé é uma coisa complicadíssima. Especialmente porque se alguém apresentar uma lista de requisitos para avaliar a fé, em geral ninguém a usará para se autoavaliar; o foco será tentar julgar a fé dos outros. Portanto, não espere uma lista avaliativa por aqui.

É possível, no entanto, analisarmos algo simples: a constância do relacionamento com Deus. Nesse ponto, é curioso que a autora adventista Ellen White, ao falar sobre o crescimento em Cristo – em seu livro *Caminho a Cristo* –, não associe regras de procedimento ao conceito de crescimento da fé. Ela usa a fala de Cristo em João 15, sobre permanecer n'Ele, como base para esse crescimento. Podemos, portanto, ser levados a concluir que mais do que por uma constância de procedimentos, o desenvolvimento da fé vem por uma constância no

---

28 *Idem*. p. 19-20.

relacionamento com Cristo.[29] Inclusive, há um trecho que nos ajuda a compreender algo importante.

> A criança não pode, por um desejo ou poder próprio, aumentar sua estatura. Nem você tem como garantir seu crescimento espiritual por meio da sua vontade ou poder. A planta e as crianças crescem recebendo do seu ambiente aquilo que é necessário para a vida – ar, luz do sol e alimento. O que esses dons da natureza representam para os animais e as plantas, também Cristo representa para os que confiam n'Ele.[30]

Ao analisarmos dessa forma, percebemos que qualquer que seja a prática espiritual que objetive aumentar a fé, ela só fará sentido se estiver vinculada a um relacionamento profundo com Cristo. Sobre essas práticas espirituais, falaremos mais detalhadamente no capítulo 5.

No entanto, existem benefícios práticos da oração que não podem ser negados. E gostaria de encerrar este capítulo falando de três desses benefícios: esperança, paz e cura emocional.

---

29 WHITE, E. G. *Caminho a Cristo*. Tatuí: Casa Publicadora Brasileira, 2007. p. 43-47.

30 *Idem*. p. 43.

ESPERANÇA

Em um vídeo que viralizou no Brasil há alguns anos,[31] o filósofo brasileiro Mário Sérgio Cortella fala a respeito de esperança de uma perspectiva surpreendente. Em sua fala, baseada em Paulo Freire,[32] Cortella explora a ideia de que a verdadeira esperança não é passiva, mas sim ativa: "Esperança, do verbo esperançar".[33] Isso coaduna com a ideia de um Deus ativo em colocar dentro de nós uma esperança que nos leve à ação.

Em Romanos 15:13, podemos ver o apóstolo Paulo falando do Deus da esperança que precisa nos encher "de todo o gozo e paz no [nosso] crer, para que [sejamos] ricos de esperança no poder do Espírito Santo". Perceba que Deus é identificado nesse texto como sendo o Deus da esperança enquanto age em nós. Não há verdadeira esperança sem Deus, e é através d'Ele que todas as nossas ações podem e devem ser feitas.

A necessidade de confiarmos nesse Deus da esperança é o que justifica o texto de Jeremias 29:11, no qual Ele se apresenta como aquele que "[sabe] que pensamentos [tem] a [nosso] respeito... pensamentos de paz e não de

---

31 TENHA 'ESPERANÇA' do verbo 'ESPERANÇAR' por Mário Sérgio Cortella. 2021. Vídeo (1min09s). Publicado pelo canal Janiscleide Rodrigues. Disponível em: https://www.youtube.com/watch?v=l-GWgnsscBmQ. Acesso em: 27 abr. 2025.

32 "Enquanto necessidade ontológica, a esperança precisa da prática para tornar-se concretude histórica." FREIRE, P. Pedagogia da esperança. Rio de Janeiro: Paz e Terra, 1997. p. 5.

33 *Ibidem*.

mal, para [nos] dar o fim que [desejamos]". É unicamente por meio da confiança, da fé, em um Deus que sabe tudo a nosso respeito, que podemos manter esperança em meio às dificuldades. E isso não é tarefa fácil, mas é mais difícil ainda se tentarmos manter essa esperança sem o desenvolvimento da verdadeira fé.

PAZ

A paz tem sido desejada há muito tempo no mundo, mas diversos conflitos históricos mostram que ela parece cada vez mais distante. De todo modo, quando esteve aqui, Cristo prometeu que aqueles que estivessem ligados a ele teriam uma paz que o mundo não conhece (João 14:27). Era sobre essa paz que Agostinho falava quando escreveu que "o nosso coração não tem sossego enquanto não repousar em ti".[34]

O salmista Davi traduziu esse sentimento em uma ação: "Em paz me deito e logo pego no sono, porque, Senhor, só tu me fazes repousar seguro" (Salmo 4:8). Ou seja, para ele, estar com o Senhor era a única coisa que lhe permitia dormir despreocupado. E olhe que Davi precisava cuidar de ovelhas; depois, de um exército; e, em seguida, de uma nação. Mas ele sabia que "se o Senhor não guardar a cidade, em vão vigia a sentinela" (Salmo 127:1), como afirmou seu filho Salomão.

---

34 AGOSTINHO. *Confissões*. São Paulo: Mundo Cristão, 2017. p. 13.

A paz, portanto, não é a ausência de conflitos; é a segurança de que Deus está à frente, guiando cada passo. É por isso que Paulo afirmou em Filipenses 4:6-7:

> Não andeis ansiosos de coisa alguma, em tudo, porém, sejam conhecidas diante de Deus, as vossas petições, pela oração e pela súplica, com ações de graças. E a paz de Deus, que excede todo o entendimento, guardará o vosso coração e a vossa mente em Cristo Jesus.

Perceba que o apóstolo retrata essa paz como estando acima de qualquer entendimento humano.

É por tudo isso que encontramos adolescentes que, em meio aos conflitos, conseguem manter a calma e descansar no Senhor. Eles enfrentam as mesmas dificuldades de outros adolescentes, mas, por estarem com o Senhor, conseguem manter calmo o seu coração. Esses adolescentes (e adultos também) confiam nas palavras de Isaías 26:3: "Tu, Senhor, conservarás em perfeita paz aquele cujo propósito é firme, porque ele confia em ti". Essa é a paz que só é possível mediante a fé.

CURA EMOCIONAL

Outro elemento importante que acompanha aqueles que têm fé no Senhor é a cura emocional. E aqui já precisamos desmistificar uma coisa: crente adoece, sim! Inclusive emocionalmente! A questão é que até quando doente suas reações são diferentes. Conforme o Salmo 34:18, "Perto está o Senhor dos que têm o coração quebrantado e salva os de espírito oprimido". Perceba que o salmista não afirma que os que confiam no Senhor não têm o coração quebrantado ou espírito oprimido; o que ele afirma é que o Senhor acompanha aquele que vive assim ou passa por isso.

Foi com essa ideia que Cristo se apresentou em Lucas 4:16-21. Nessa ocasião, Jesus leu Isaías 61:1-2, em que o Messias é apresentado como aquele que veio a fim de pregar, curar, proclamar, pôr em liberdade e anunciar boas-novas, cura, libertação e a chegada do ano do Senhor. Cristo é aquele que estaria exatamente com quem tem maior necessidade física, espiritual e emocional.

Esses benefícios da fé foram experimentados por diversos personagens bíblicos. Davi, que já citamos, não ousou levantar a mão contra o rei Saul mesmo sendo perseguido e tendo de fugir do monarca. Ele confiou no Senhor. José confiou no Senhor enquanto escravo e não duvidou das promessas de Deus mesmo no fundo de uma masmorra. O que dizer então de Jó, que perdeu tudo, mas continuou afirmando que os seus olhos veriam Deus como Aquele que o redimiu? (Jó 19:25-27). E para não ficarmos apenas no Antigo Testamento, os apóstolos preferiram renunciar à própria vida a negar Cristo.

A DÚVIDA NÃO DESTRÓI A FÉ - ELA A FORTALECE QUANDO NOS LEVA A BUSCAR RESPOSTAS EM DEUS.

Paulo, por exemplo, preso em Roma, não cogitou deixar de pregar a respeito do Cristo crucificado.

Todos esses exemplos - e muitos outros que eu poderia citar - apontam para a realidade de uma fé que, mesmo parecendo ilógica, permite confiar quando tudo indica o contrário. Por isso, esperança, paz e cura emocional são apenas alguns dos benefícios práticos que a fé pode trazer à vida daquele que confia no Senhor.

Vimos, portanto, que a fé é um fenômeno difícil de ser desvendado. Mas a Bíblia fornece ferramentas suficientes para entendermos o necessário sobre ela. É importante, assim, que entendamos a fé em todas as suas nuances, dentro e fora do texto bíblico.

Também ficou claro que a fé pode ser um instrumento de apoio e orientação em situações difíceis ou até mesmo cotidianas. Estar familiarizado com essa instrumentalização permite que a fé seja vivida em sua totalidade. Isso não significa a solução dos problemas, mas tranquilidade maior para enfrentá-los.

Entendemos ainda que as práticas espirituais que visam amadurecer a fé se resumem em um relacionamento profundo com Cristo, por meio do qual podemos avaliar o quão madura ou imatura é a fé. Porém, mais importante do que avaliar a profundidade da fé, é manter um fluxo de relacionamento constante com Deus.

Por fim, conhecemos três benefícios provenientes da prática da fé: a esperança como uma espera ativa, a paz como uma realidade ativa de não desespero e a cura emocional de traumas construídos por um mundo de pecado. Lembrando que citamos três, mas muitos outros poderiam ser apresentados nessa realidade beneficiária da fé.

Talvez a única questão que ainda nos falte responder em relação à fé seja a forma de lidarmos com as dúvidas que surgem durante a jornada cristã. É isso que abordaremos no próximo capítulo.

3.

DÚVIDAS QUE FORTALECEM

Adolescente A:

> *Eu sempre fui uma criança que pensava muito, eu sempre gostava de ter as respostas, eu sempre fui de questionar, mas meus pais nunca realmente levavam a sério meus questionamentos, por mais sérios que eles fossem, e isso me irritava tanto. Parecia que eles nunca nem se esforçaram pra tentar me entender, ou entender como minha cabeça funciona. Até mesmo quando eu tinha dificuldade com alguma coisa, eles simplesmente pareciam só não ligar.*

Notou como as dúvidas são comuns? Para essa adolescente, cujas incertezas a respeito de Deus já apresentei no capítulo 2, a busca por respostas é uma necessidade quase intrínseca.

Neste capítulo, nosso objetivo não é exatamente responder dúvidas, mas analisar os tipos de dúvidas que costumam surgir entre os adolescentes e buscar formas de lidar com elas. Porém, não deixaremos de passar por algumas respostas para questões importantes. Para auxiliar na construção do capítulo, vou compartilhar com você alguns resultados da pesquisa que citei no início do capítulo 2.

Como comentei, essa pesquisa foi feita com adolescentes próximos a mim de alguma maneira (pessoalmente ou pelas redes sociais). Ela foi composta de 27 perguntas de cunho pessoal, incluindo idades, contextos sociais e religiosos e, principalmente, a opinião sobre assuntos relacionados à vida religiosa.

TER DÚVIDAS NÃO SIGNIFICA FRAQUEZA ESPIRITUAL; SIGNIFICA QUE ESTAMOS BUSCANDO RESPOSTAS PARA CRESCER.

Em uma das questões, eles foram convidados a listar suas três principais dúvidas religiosas. Por se tratar de uma pergunta aberta, as respostas foram bastante variadas, mas todas em direções interessantes.

O assunto mais apontado nas perguntas que eles informaram (10 de 25) foram as características de Deus. Isso já nos leva a perceber que há, por parte dos adolescentes, um interesse em compreender as caraterísticas e o caráter de Deus.

No contexto desse assunto, a eternidade foi o aspecto mais citado. "*Deus sempre existiu?*"; "*O Universo sempre existiu?*"; "*Como Jesus é infinito?*"; "*Se Deus é eterno, sem começo nem fim, como podemos compreender a origem de todas as coisas?*"; "*E ainda que tenhamos textos bíblicos suficientes para defender a eternidade de Deus, como entendê-la?*".

O caminho mais justo para respondermos esses questionamentos é a sinceridade. Sinceridade em admitir que não estamos em condições de entender plenamente o conceito de eternidade. É uma ideia que nunca caberá na mente finita que temos. Como lidar com um conceito de eterna existência se temos começo e fim?

Quando Deus disse "Vinde, pois, e arrazoemos..." (Isaías 1:18), estava falando de usar a razão conosco. Mas como usarmos uma razão tão superficial com uma realidade divina tão profunda? Portanto, ao lidarmos com dúvidas sobre a eternidade de Deus, podemos usar algumas lógicas que nos ajudem, mas jamais conseguiremos compreender o assunto completamente.

Um dos textos bíblicos que abordam essa questão da eternidade de Deus é o Salmo 90:2. Nele, Deus é retratado como aquele que é "de eternidade a eternidade". Agora, pense no problema: se a eternidade não tem começo nem fim, Deus é retratado como aquele que existe antes mesmo dela.

Em Isaías 9:6, inclusive, ao falar sobre o Messias que viria, o profeta afirma que ele seria chamado de "Pai da Eternidade". Algumas versões trazem "Pai Eterno", mas um estudo detalhado do texto em hebraico mostra claramente que a eternidade aqui não é retratada como um adjetivo, mas como um substantivo. Logo, a tradução mais correta é realmente "Pai da Eternidade". Ele está acima, portanto, de qualquer compreensão de tempo que tenhamos.

Hebreus 13:8 apresenta Jesus partindo do pressuposto da Trindade, como aquele que "ontem e hoje, é o mesmo e o será para sempre". Logo, ele não sofre o impacto do tempo, ele não muda. É o tipo de verdade bíblica que aceitamos sem entender plenamente o que significa.

Poderíamos tentar esgotar os textos bíblicos que tratam desse assunto, mas, ainda assim, isso seria insuficiente para compreendermos completamente a eternidade de Deus.

Outra questão que apareceu na pesquisa (oito vezes) foi a onisciência e a onipotência *versus* a Sua justiça: *"Quem morre sem conhecer Deus, no dia do julgamento, vai pro inferno ou pro céu?"*; *"Se Deus é tão bom e sabe de tudo antes mesmo de acontecer, por que permite tanto sofrimento e tanta injustiça no mundo?"*; *"Teremos livre-arbítrio no céu? Se sim, o que impede o pecado de surgir de novo?"*; *"Por que devo acreditar n'Ele?"*; *"Uma pessoa que não seguiu o Deus cristão, mas mesmo sem saber seguiu Suas leis e foi uma boa pessoa, vai para o céu?"*.

O caráter de Deus é uma questão complicada. Não que as respostas bíblicas sejam insuficientes, mas, quando lidamos com nossas dores pessoais, a sensação é apenas de que Deus não nos atende, ou nos ignora completamente. E isso nos leva a questionar esse caráter onipresente, onisciente, onipresente e bondoso. A maioria de nós já pensou, em algum momento, que se estivesse no lugar de Deus faria alguma coisa diferente, interferiria na história de alguma maneira diversa.

O ator canadense Jim Carrey interpretou um personagem interessante para a nossa discussão aqui. O filme em questão é *Todo-Poderoso*. Para alguns pode ser uma blasfêmia, mas gostei bastante de uma questão abordada a certa altura. Bruce, interpretado por Carrey, decide dizer "sim" para todos os pedidos feitos a ele (que está na função de Deus no momento). Mas o resultado disso é um caos completo. O mundo entra em completa desordem, mostrando que a onipotência de Deus está atrelada a um completo senso de responsabilidade.

Eu sei que é uma comédia, e talvez até abusiva na forma de retratar Deus, mas pense na implicação. Deus não poderia simplesmente dizer "sim" para tudo que queremos. As escolhas que Deus faz não estão isentas de consequências lógicas, porque Deus também é lógico.

Isso responde os questionamentos sobre o caráter de Deus? Claro que não! Mas nos ajuda a pensar que existem soluções que podem parecer simples exatamente pelo fato de nossa visão ser limitada. Ellen White escreveu: "Deus é demasiadamente sábio para errar e extremamente bom para deixar de conceder o melhor aos que andam em retidão".[35]

Certo, Macsuel, mas eu só ignoro as dúvidas? Isso não é possível!

E eu concordo com você. Por isso, vou gastar um pouco de tempo verificando o que alguns autores escreveram sobre essas dúvidas tão comuns a adolescentes (e a adultos também). Em primeiro lugar, precisamos fazer uma análise histórica de como a humanidade chegou a esses questionamentos.

Colocar Deus contra a parede não era uma opção razoável até o final do século XVII. Durante o período dos patriarcas bíblicos, a soberania de Deus era indiscutível, ainda que as dúvidas já estivessem lá. Podemos perceber isso no diálogo de Jó com seus amigos.

Na primeira vez em que um dos amigos, Elifaz, fala com Jó, ele diz: "Você não tem confiança no seu temor a Deus? Não tem esperança na integridade dos seus

35 WHITE, E. G. *op. cit.* p. 61.

caminhos?" (Jó 4:6 - NAA). Bildade, por sua vez, pergunta: "Será que Deus perverteria o direito? Será que o Todo-Poderoso perverteria a justiça?" (Jó 8:3 - NAA). Zofar, também na primeira vez que fala, questiona:

SE DEUS NÃO TEM MEDO DAS NOSSAS PERGUNTAS, POR QUE NÓS DEVERÍAMOS TER MEDO DE FAZÊ-LAS?

> Será que você pode desvendar os mistérios de Deus ou descobrir a perfeição do Todo-Poderoso? A sabedoria de Deus é mais elevada do que os céus; o que você poderá fazer? Ela é mais profunda do que o abismo; o que você poderá saber? (Jó 11:7-8 – NAA)

Por fim, o jovem Eliú aparece em cena e diz:

> Deus é maior do que o homem. Por que você discute com ele, afirmando que ele não presta contas de nenhum dos seus atos? Pelo contrário, Deus fala de um modo, sim, de dois modos, mas o homem não atenta para isso (Jó 33:12-14 – NAA).

Perceba o detalhe: todos eles estavam tentando argumentar em prol da soberania de Deus ao "causar" o mal pelo qual Jó estava passando. Jó, por sua vez, estava questionando Deus, afirmando que Ele estava sendo injusto ao persegui-lo (Jó 6:4).

A princípio, poderíamos dizer que os amigos de Jó estavam corretos, e Jó estava sendo injusto com Deus. E é nessa direção que Eliú traz sua defesa ao final. No entanto, não é assim que Deus apresenta-Se diante dos cinco após a fala de Eliú.

A primeira resposta de Deus aparece no capítulo 38. E Ele vai na direção em que começamos o nosso argumento: "Quem é este que obscurece os meus planos com palavras sem conhecimento?" (Jó 38:2 - NAA). Ou seja, a soberania de Deus está diretamente atrelada à Sua onisciência.

Mas Deus não termina por aí. Ele diz a Elifaz: "A minha ira se acendeu contra você e contra os seus dois amigos, porque vocês não falaram a meu respeito o que é reto, como o meu servo Jó falou" (Jó 42:7 - NAA). Leia de novo esse verso (volte aí, logo). Você percebeu o que aconteceu? Deus deu razão para Jó! Ainda que Jó tenha questionado o Seu caráter. Deus Se abriu à possibilidade de ser questionado por um ser humano comum e não Se ofendeu com isso.

Por outro lado, esse mesmo Deus repreendeu severamente aqueles que se apoiaram em uma justiça que atacou o servo Jó. Muito diferente daquilo que tradicionalmente os cristãos fazem ao questionar o mal que acontece com as chamadas "boas pessoas". Em outras palavras, estamos entendendo tudo errado desde os tempos de Jó.

E olha que nem falamos de Moisés questionando Deus quando Ele decide destruir o povo de Israel, o que não acontece. Também não falamos das lamentações de Jeremias pelo castigo que Deus infligiu ao povo de Israel por causa de sua desobediência. Nem do desespero de Daniel ao perceber que as promessas de Deus não estavam sendo cumpridas. E muitos outros trechos poderiam ser citados para confirmarmos a nossa tese.

Essa construção, no entanto, não é exclusiva do Antigo Testamento. No Novo Testamento temos um exemplo clássico, marcante e poderoso, na pessoa de Cristo Jesus, quando ele, na Cruz, questiona o abandono do Pai: "Deus meu, Deus meu, por que me desamparaste?" (Marcos 15:34). É o desespero de um Filho que até entende o abandono do Pai, mas que não consegue lidar emocionalmente com ele.

Jesus, portanto, também teve dificuldade de aceitar a forma de o Pai lidar com a execução de seus propósitos. E não estou falando heresia, estou apenas reconhecendo a fragilidade humana de Cristo apesar de sua aceitação da vontade do Pai.

A FÉ MADURA NÃO NASCE DA AUSÊNCIA DE PERGUNTAS, MAS DA CORAGEM DE BUSCÁ-LAS NA DIREÇÃO CERTA.

Quando os discípulos começam sua obra de pregação do evangelho, sequer discutem a vontade de Deus e Sua soberania. Ainda que Paulo trate um pouco do assunto em cartas como Romanos e Gálatas, sua preocupação é o desejo de Deus em salvar, e não aquilo que não dá certo na vida humana.

Durante o período de perseguições que o cristianismo sofreu, a confiança na vontade de Deus era tão grande que não havia espaço para o questionamento de

Seu caráter. O que também aconteceu quando a própria igreja foi a perseguidora. E nesse caso, o próprio questionamento era tratado como heresia, sendo passível de condenações que incluíam até mesmo a morte.

O problema do caráter de Deus só entra fortemente em cena com o surgimento do ateísmo moderno, a partir da Revolução Francesa. Começa com o movimento científico e estoura no rompimento da França com a religião em 1789. Nas palavras de Francis Schaeffer, "a natureza devorou totalmente a graça, e o que foi deixado em seu lugar no 'andar de cima' foi o termo 'liberdade'".[36] Não havia mais espaço para Deus e Sua soberania.

O homem moderno passou a querer respostas que fossem além da soberania de Deus para explicar seus sofrimentos e sua aparente perdição.[37] O caráter de Deus já não cabia em um mundo que observava o crescimento do ateísmo moderno, questionador da moralidade cristã e das respostas cristãs para o sofrimento.

Nesse contexto, ainda surgem duas guerras mundiais, que levam mais pessoas a duvidarem da interferência bondosa de Deus na história. E dois personagens discutem a bondade de Deus em contextos diferentes, mas profundamente fundamentados: Sigmund Freud e C. S. Lewis.

Para Freud, os sofrimentos enfrentados na vida eram o mais forte argumento contra a existência de Deus. Em *A religius experience*, chegou a afirmar que "Deus

---

36 SCHAEFFER, F. *A morte da razão.* São Paulo: ABU; Viçosa: Ultimato, 2023. p. 46.

37 *Idem*. p. 97.

permite que ocorram horrores".[38] O interessante, nesse caso, é notar que Freud culpava Deus pelo mal presente no mundo enquanto afirmava que Ele não existia: "Não me parece possível que haja um Poder no universo que cuide do bem-estar dos indivíduos com cuidado paternal e leve todos os seus negócios a um final feliz...".[39]

E antes que argumentemos em favor do conflito entre Deus e Satanás, Freud defendeu que "o demônio é a melhor saída para dar uma desculpa para Deus... Mas mesmo assim é possível continuar responsabilizando Deus pela existência do demônio, bem como pela existência da maldade que o demônio incorpora".[40]

Já sobre a questão da origem do mal presente no mundo, C. S. Lewis escreveu: "Esse Poder das Trevas foi criado por Deus, e era bom por ocasião de sua criação, mas se corrompeu".[41] A partir dessa afirmação, ele desenvolve a ideia do livre-arbítrio, concluindo que Deus permitiu o livre-arbítrio porque "embora possibilite o mal, é também a única coisa que torna possível todo o amor, toda a bondade ou toda a alegria".[42]

Freud fundamentou-se em argumentos antigos do ateísmo, enquanto Lewis baseou-se no que a Bíblia apresenta sobre a origem do mal e toda a problemática da maldade no mundo para defender seus argumentos.

---

38 NICHOLI JR., A. M. *Deus em questão*: C. S. Lewis e Freud debatem Deus, amor, sexo e o sentido da vida. Viçosa: Ultimato, 2005. p. 271.

39 *Idem*. p. 218.

40 *Idem*. p. 219-220.

41 LEWIS, C. S. *op. cit.* p. 78-79.

42 *Idem*. p. 81.

Segundo John C. Peckham, "um relacionamento genuíno de amor envolve a possibilidade de que as criaturas rejeitem o ideal de Deus e, consequentemente, a possibilidade do mal".[43] Em seu livro *Teodiceia do amor*, ele explica que Deus não agiria contrário a Seu caráter para impor Sua vontade. Na parte final do livro, o autor justifica: "Se Deus não é amoroso de verdade, por que se importaria com o que acho a esse respeito? Sem o compromisso com a liberdade epistêmica, Deus poderia determinar que todos sempre pensassem e fizessem o que Ele quer".[44]

Tudo isso aponta para um fato bíblico recorrente. O mal é um inimigo a ser vencido por Deus. Não que seja uma batalha entre forças, porque não é. Trata-se de uma batalha de caráter, na qual o que está em jogo não é quem é mais forte, mas quem é mais justo. À luz de Hebreus 2:14, podemos afirmar que o sofrimento e a morte serão destruídos por Deus ao final desse conflito.

Da pesquisa que fiz com os adolescentes, duas respostas me chamaram a atenção de uma forma diferente.

A primeira foi: *"Mesmo sendo cristã e tendo fé, eu posso me perguntar ou perguntar a alguém isso [as perguntas anteriores] sem parecer que estou duvidando d'Ele?"*. Essa indagação traduz o problema que quero abordar neste capítulo. As pessoas têm medo de questionar Deus, como se isso fosse ofensivo. E as perguntas dessa adolescente eram simples, relacionadas a quem é

43 PECKHAM, J. C. *Teodiceia do amor*: o conflito cósmico e o problema do mal. Tatuí: Casa Publicadora Brasileira, 2022. p. 194.

44 *Idem*. p. 207.

Deus e por que acreditar n'Ele. Tais perguntas não deveriam ser tratadas como um problema, mas tenho certeza de que, se fossem feitas em alguns contextos religiosos, fariam a adolescente ser rechaçada.

Já a segunda resposta chamou a atenção por conta de um comentário inserido no meio de uma dúvida. *"Isso não é uma crítica ou uma afronta, eu só não entendo mesmo"*. Simples também, não é? Mas na cabeça desse adolescente, ter a dúvida (sobre o mal voltar a existir depois que Deus destruir o mal) era quase uma ofensa, entende? Ele também seria rechaçado em alguns contextos religiosos se admitisse esse questionamento.

Existe uma frase que gosto muito de usar com meus alunos, especialmente quando tratamos das inseguranças espirituais que eles têm. Costumo dizer que "Deus não tem medo das nossas dúvidas". Parece óbvio, mas para muita gente isso não é tão óbvio assim.

É como se, para boa parte das pessoas, ter dúvida fosse uma espécie de insulto a Deus, uma forma de questionar Sua integridade. Outros consideram a dúvida como uma fraqueza, tanto espiritual quanto de compreensão da verdade. No entanto, o fato é que muitas pessoas, senão todas, têm suas dúvidas, especialmente em relação a Deus e à religião.[45]

Ter dúvidas parece ser um problema para a maioria das pessoas. Para Alister McGrath, professor de Oxford, "muitos cristãos sufocam suas dúvidas. Consideram

---

45 MCGRATH, A. *Como lidar com a dúvida sobre Deus e você mesmo*. Viçosa: Ultimato, 2008. p. 13.

impróprio revelá-las ou temem parecer idiotas".[46] Ele ainda afirma que a razão para isso é a confusão com duas ideias diferentes, mas aparentemente semelhantes: ceticismo e incredulidade.

Ceticismo vem da ideia de, por princípio, questionar tudo. Não acreditar em nada. É duvidar por duvidar. Embora seja justo "desconfiar de tudo para poder acreditar em alguma coisa",[47] no caso do ceticismo o objetivo não é gerar uma crença, apenas questionar.

Já a incredulidade é a decisão de não crer. Não apenas questionar, mas concluir pela descrença mesmo diante de evidências e reflexão.[48]

Sejamos sinceros: em uma roda de conversa antes ou depois de um culto, a depender da dúvida que alguém colocasse na mesa, muitos de nós pensaríamos na vida espiritual dessa pessoa. Poderíamos até questionar sua fidelidade a Deus ou seu conhecimento a respeito da verdade.

Curiosamente, enquanto escrevo isso, estou pensando nos meus próprios pensamentos há cerca de uma hora. Deixe-me contar.

Estava reunido com um grupo de adolescentes, e um deles questionou a compreensão que nossa igreja tem sobre os conceitos de *latria*, *dulia* e *hiperdulia*, presentes na teologia católica. E estou notando que, em vez de ajudá-lo com sua dúvida (o que eu até tentei fazer), fiquei mais preocupado em pensar que ele ainda não

---

46 *Ibidem.*

47 SILVA, R. *O ceticismo da fé.* Barueri: Ágape, 2018. p. 18.

48 McGRATH, A. *op. cit.* p. 14.

compreendeu a teologia da nossa igreja, e que isso pode estar levando-o à incredulidade na doutrina dessa igreja.

Percebeu como é fácil transformarmos dúvidas em princípio de apostasia, quando podem ser apenas dúvidas sinceras? Não é justo agirmos assim, pois isso pode fechar portas para a compreensão completa da verdade. Explico. Vou precisar conversar com esse adolescente novamente, pois não posso fechar as portas para suas dúvidas. Se eu não for solícito e ouvi-lo a respeito de uma dúvida simples, por que ele vai me procurar com outras dúvidas que possam surgir?

O psicanalista Carl Jung afirmou que "queremos ter certezas e não dúvidas, resultados e não experiências, mas nem mesmo percebemos que as certezas só podem surgir através das dúvidas e os resultados através das experiências".[49]

Como queremos que os adolescentes construam certezas, se as dúvidas são rechaçadas? Como permitir que construam sua fé se a cada degrau são criticados pelas dúvidas? Mas existe um fator que precisa ser levado em consideração para respondermos corretamente essas perguntas: como ajudá-los em *suas* dúvidas se elas também são *nossas*? Você se lembra da adolescente A, com a qual abrimos este capítulo? Você acredita que foi saudável para ela que os pais simplesmente ignorassem suas dúvidas como se não fossem importantes? É óbvio que não! Isso alterou significativamente sua fé, que,

49 SILVA, R. *op. cit.* p. 110.

segundo ela mesma, diminuiu desde a infância, quando deveria ter aumentado.

Existem adultos que não admitem que seus adolescentes tenham dúvidas, porque essas dúvidas expõem sua própria incapacidade de respondê-las. E aqui um fenômeno típico das gerações atuais entra em cena: imediatismo.

Ahn? O que o imediatismo tem a ver com isso?

Tudo! Para que uma ideia se construa corretamente, é necessário que haja tempo e reflexão. Ambas as coisas vão na contramão do imediatismo.

Não sei se você já foi a algum retiro espiritual de jovens. Já tive a oportunidade de estar em alguns durante a minha vida. Em muitos deles, há um momento em que os jovens são desafiados a fazer perguntas para tirar dúvidas. Sabe o que tenho percebido? As perguntas são sempre as mesmas. É raro uma pergunta nova, algo que já não tenha sido explicado anteriormente.

Comecei a me questionar sobre o motivo da repetição de tais perguntas, e me vieram algumas possibilidades.

1. Os jovens são sempre diferentes. Eu sei que pode ser meio absurdo, mas é possível que a pergunta esteja sendo feita por um jovem (ou jovens) que nunca ouviu uma resposta para essa pergunta.
2. Os jovens querem uma desculpa. Essa é a possibilidade que mais me parece plausível, ao menos na maioria das vezes. Eles querem que alguém dê permissão para que comportamentos inadequados sejam permitidos. É meio que uma tentativa de saber

se a igreja já mudou de opinião sobre determinado assunto (apesar de não afirmarem isso).

3. Os jovens não ouviram respostas de verdade. Essa possibilidade tem duas vertentes. Em uma primeira, ao ouvirem as respostas, eles simplesmente ignoram os argumentos e se concentram apenas no sim e no não. Dessa forma, o argumento se perde, e logo a razão não é mais encontrada. Em uma segunda vertente, eles ouvem as respostas, mas elas vêm sobrecarregadas de sim e não. Faltam os argumentos plausíveis.

É sobre essas duas vertentes da terceira possibilidade que quero falar agora.

É muito fácil, no contexto imediatista atual, as pessoas perderem a atenção quando um argumento se torna um pouco mais longo. Eu trabalho com adolescentes há quase vinte anos e, dentre aqueles que leem, posso dizer que boa parte prefere histórias a argumentos. Os livros são repletos de aventuras, mas livros argumentativos são considerados chatos pela maioria deles.

Recentemente, eu e minha esposa convidamos duas alunas para almoçarem conosco. Uma delas veio acompanhada da mãe e do irmão, e foi um almoço muito agradável. A certa altura, eu as chamei para conhecerem nossa modesta biblioteca. Uma delas, mais aficionada por livros, logo se concentrou nos livros de histórias reais. O curioso, nesse caso, é que temos poucos deles. A maior parte dos livros de minha esposa são clássicos da literatura e títulos de psicologia, enquanto a maioria dos meus são de apologética cristã e filosofia.

Não entenda isso como uma crítica ao gosto por livros dos adolescentes. O que estou tentando pontuar é que, de fato, livros de conteúdos mais densos não são tão atrativos para eles. Se substituirmos os livros por discursos, aí é que a coisa fica feia. Eles não conseguem prestar atenção a conteúdos mais bem elaborados, na maior parte do tempo. E quando prestam, acabam retendo apenas o sim e o não.

Por outro lado, há um imediatismo de sustento por parte daqueles que lidam com adolescentes. Deixaram de ter tempo para elaborar as respostas de forma adequada. Estão ansiosos demais com seu trabalho e a dificuldade de sustentar a vida comum. E o tempo que resta para lidar com os adolescentes é tão pequeno para tantos afazeres que não é possível desenvolver respostas completas para todas as indagações.

Na lógica dos retiros jovens, que citei anteriormente, muitas vezes há mais perguntas a serem respondidas do que perguntas cujas respostas ficaram claras. É que até em eventos assim o tempo é escasso.

Se você notou, o que estou tentando dizer é que existem adolescentes desinteressados em ouvir argumentos e adultos desinteressados em apresentá-los. Triste condição a nossa. O que fazer então?

Em primeiro lugar, precisamos assumir nossas dúvidas. Não é errado ter dúvidas, até porque, "fazer perguntas sinceras é o passo primordial para se adquirir qualquer tipo de conhecimento".[50] Mas essa afirmação é válida para Deus? Rodrigo Silva diz que sim. Ele afirma que, quando o assunto é a existência de Deus, por exemplo, precisamos "trabalhar pelo menos com a hipótese das possibilidades, isto é, dar a chance para que ambos os lados apresentem suas evidências".[51] Se ter dúvidas não fosse legítimo, como lidaríamos com gênios da humanidade e do pensamento crítico que não acreditavam em Deus, como Stephen Hawking, Richard Dawkins, Bertrand Russell, Friedrich Nietzsche, Karl Marx, Michel Foucault, Carl Sagan, Isaac Asimov, entre outros? São personagens que foram geniais em suas áreas, mas questionaram sinceramente os aspectos religiosos da existência de Deus.

Em segundo lugar, precisamos assumir nossas dificuldades em entender assuntos que estão além de nossa compreensão comum. Como vimos anteriormente, existem temas relacionados à transcendência que exigiriam uma mente transcendente (que não temos) para a compreensão plena.

Em terceiro lugar, precisamos buscar aquilo que Deus se preocupou em revelar a nós, principalmente por meio de Sua palavra. A Bíblia é a fonte das verdades necessárias para a salvação, mas quando tratamos de outros temas, a Bíblia também pode nos servir para ampliar a compreensão. Afinal, Romanos 15:4 nos diz: "Pois tudo quanto, outrora, foi escrito para o nosso ensino foi

50 *Idem*. p. 39.
51 *Idem*. p. 43.

escrito, a fim de que, pela paciência e pela consolação das Escrituras, tenhamos esperança".

Por último, precisamos dar lugar para dúvidas que podem nunca ser respondidas, ao menos não no contexto de pecado e limitação que vivemos. Pense no exemplo de Jó, que analisamos há pouco. Ao se apresentar para Jó e seus amigos, em momento algum Deus explicou o que havia acontecido para que Jó passasse pelo que passou. Isso deveria nos servir de alerta para o fato de que, ainda que muitas dúvidas possam fortalecer nossa compreensão, outras talvez nunca sejam respondidas.

CRISTÃOS QUE NUNCA QUESTIONAM SUA FÉ NÃO NECESSARIAMENTE SÃO MAIS FORTES; PODEM APENAS NUNCA TER EXPLORADO SUA PROFUNDIDADE.

Aprender a lidar com essas dúvidas, seja assumindo-as, seja buscando respostas nos lugares certos, seja reconhecendo aquelas que jamais serão respondidas, é importante para um processo que muitos demoram para desenvolver: a tal da maturidade. E quando lidamos com as questões espirituais, aí é que algumas pessoas empacam na imaturidade e não conseguem desenvolver um relacionamento adulto com Cristo. Esse é o assunto que veremos no próximo capítulo.

4.

IMATURIDADE ESPIRITUAL

Como já se sabe, a adolescência é uma fase de crescimento. Parte do processo de crescimento envolve a mudança da imaturidade para a maturidade. E toda mudança gera conflitos. Portanto, não seria diferente com o processo de maturação na adolescência. Os conflitos são iminentes.

A FÉ, ASSIM COMO A ADOLESCÊNCIA, PRECISA CRESCER - PERMANECER INFANTIL ESPIRITUALMENTE É PERMANECER ESTAGNADO.

Algumas definições de *maturidade* nos ajudarão a estabelecer as bases do que veremos neste capítulo. Uma delas diz que *maturidade* é (1) o "desenvolvimento pleno da inteligência e dos processos emocionais". Segundo outra definição, é (2) a "qualidade daquele que, por ter atingido a idade madura, age com reflexão, com bom senso e prudência". Ainda, uma terceira definição apresenta que é (3) o "grau em que as atitudes, a socialização e a estabilidade afetiva de um indivíduo refletem, como característica normal do homem adulto, um estado de adaptação ou ajustamento ao seu próprio meio".[52]

Quero analisar com você essas três definições básicas.

A primeira delas oferece uma compreensão quase técnica voltada para uma visão psicológica. E essa

52 MICHAELIS. Dicionário brasileiro da língua portuguesa. Disponível em: https://michaelis.uol.com.br/moderno-portugues/busca/portugues-brasileiro/maturidade. Acesso em: 19 mar. 2025.

questão técnica nos leva a algo que discutimos no capítulo 1: a formação cerebral. Como esperar desenvolvimento dos processos emocionais e da inteligência se o cérebro está em uma formação inversa? Em vez de o desenvolvimento adolescente se dar do entendimento para os desejos, acontece o contrário.

Os adolescentes são dominados por suas vontades, sem reflexão. É o oposto do uso correto da inteligência e das emoções. Lindsay Gibson, ao falar de pais imaturos, retrata-os como usando "mecanismos para negar a realidade, em vez de lidar com ela".[53] E não é isso que vemos em adolescentes? Eles lidam com uma imaturidade intrínseca ao negarem a realidade que vivem e as responsabilidades com as quais precisam lidar. Gibson ainda relaciona a imaturidade a uma ausência de autorreflexão, que acarreta dificuldade para assumir culpa e pedir desculpas. Por fim, conclui que a imaturidade deixa as pessoas "inconsistentes e emocionalmente instáveis".[54] Mesmo que Gibson esteja falando de pais, isso nos dá um vislumbre das características típicas da imaturidade.

A segunda definição de *maturidade* nos direciona aos conceitos de reflexão, bom senso e prudência. Reflexão implica a capacidade de pensar racionalmente, o que a própria estrutura cerebral do adolescente dificulta que aconteça. Se é difícil refletir, agir com bom senso e prudência é quase impossível.

---

53 GIBSON, L. C. *Filhos adultos de pais emocionalmente imaturos*. São Paulo: nVersos, 2021. p. 11.

54 *Ibidem*.

Aqui, cabe uma consideração importante. Não estamos tratando de uma idade, mas de uma estrutura cerebral. E estruturas cerebrais se desenvolvem a ritmos diferentes em cada indivíduo. Portanto, é possível que encontremos adolescentes que desenvolveram esses processos em idades mais tenras do que outros e, talvez, até por períodos diferentes. É assim mesmo. Porém, em geral é um desafio enfrentado em toda a fase da adolescência e até em um período da fase adulta.

A terceira e última definição de *maturidade* aponta para um processo que o adolescente sente com mais intensidade em toda a sua fase de desenvolvimento: ser tratado como responsável e preparado em determinados ambientes, mas ainda como imaturo em outros.

Como os adolescentes estão em formação, muitos pais e responsáveis agem com cuidado na concessão de liberdades. Eles abrem espaço para que a responsabilidade seja construída aos poucos. Alguns chamam de confiança, mas o conceito é o mesmo. Há um desenvolvimento contínuo que faz com que certas coisas sejam permitidas e outras, não.

Os adolescentes têm dificuldades para perceber isso, mas é uma etapa importante. Se um adolescente de 18 anos não consegue respeitar os horários definidos pelos pais, ainda não está preparado para dirigir o carro da família. É uma lógica simples, mas a adaptabilidade do processo tem muitas variáveis.

Fazendo jus ao que vimos, até podemos afirmar que a maturidade é flexível durante a adolescência. Não vai ser diferente com as questões religiosas. E não me refiro, necessariamente, às práticas, mas à própria construção individual de relacionamento com Deus. Em alguns aspectos, esse relacionamento será profundo, mas, em outros, facilmente poderá ser superficial.

C. S. Lewis, autor que já citamos anteriormente, fez uma consideração importante para nos ajudar a entender essas transformações no contexto da maturidade: "Uma pessoa moderadamente má sabe que não é muito boa, já uma pessoa inteiramente má acha que está tudo bem".[55] Com isso, Lewis nos leva a um conceito básico da maturidade espiritual: há um profundo senso de realidade espiritual naquele que está se tornando maduro.

O cristão imaturo não reconhece suas debilidades. Tem uma visão distorcida de si mesmo e não consegue perceber aquilo que o distancia do ideal divino.

Posso citar aqui alguns detalhes importantes da pesquisa que fiz com alguns adolescentes. Sem que eles soubessem, algumas perguntas estavam relacionadas. Perguntei-lhes (1) com que frequência leem a Bíblia; (2) com que frequência leem outros livros da religião em questão; e (3) como eles consideram a fé que têm, em uma escala de 0 a 10.

Curiosamente, algumas respostas a essas questões foram bastante controversas. Todos classificaram sua fé entre 6 e 10, com exceção da adolescente A, citada nos capítulos anteriores. E antes que você comemore essa classificação, perceba algumas incoerências a seguir.

55 LEWIS, C. S. *op. cit.* p. 133.

1. Os 2 adolescentes que responderam 10 para a pergunta 3 também responderam que raramente leem a Bíblia (pergunta 1); um respondeu que raramente lê outros livros, enquanto o outro respondeu que nunca lê outros livros.
2. Uma adolescente deu nota 9 para sua fé, mas respondeu "raramente" para as outras 2 questões.
3. Dos 8 que deram nota 8 para sua fé, 5 responderam "raramente" para as outras 2 questões, e 1 respondeu "raramente" para a leitura da Bíblia e "nunca leio" para a leitura de outros livros.

Quero focar apenas os que deram notas acima de 8, para que você perceba uma coisa: apesar de considerarem sua fé forte, a maioria desses adolescentes não fazem a mínima ideia do que a fé representa nas Escrituras. Isso significa que eles não têm uma base sólida para a fé além de suas experiências. Se fé é crença, e Romanos 10 nos ensina que essa crença deve estar fundamentada na palavra de Cristo, onde realmente eles a estão colocando? São adolescentes que dizem ter uma fé perfeita (10) ou quase isso (8 a 9), mas com pouquíssima ou nenhuma relação com a Bíblia.

Isso me mostra que a maturidade da fé está muito distante da realidade desses garotos e dessas garotas. Como considerá-los maduros espiritualmente se nem conseguem perceber a importância das Escrituras na fundamentação de sua fé? Não estou com isso acusando-os de mentirem, pelo contrário. O que estou afirmando é que eles não conseguiram ainda formar com clareza o conceito de fé que só a maturidade é capaz de trazer.

Por isso, para que a fé desses adolescentes amadureça, é essencial que passem da adolescência espiritual para a adultez espiritual, estágio em que a compreensão das Escrituras se torna pilar essencial.

O CRISTÃO IMATURO NÃO PERCEBE SUAS FRAGILIDADES; ELE VIVE UMA FÉ QUE PARECE FORTE, MAS PODE SER APENAS SUPERFICIAL.

Tudo isso me remete a uma situação pessoal pela qual passei. Logo após a pandemia, meus nervos estavam à flor da pele. Havia mudado de profissão por necessidade, estava em um lugar onde não me sentia satisfeito com o que fazia e, claramente, tinha dificuldades para lidar com questões pessoais mal-resolvidas. Eu já tinha mais de 30 anos, mas existiam coisas a respeito de minha identidade que eu ainda não sabia.

Certo dia, uma pessoa estava bloqueando a entrada de carros no meu local de trabalho. Parei logo atrás e dei sinal de que precisava entrar; a pessoa deu ré e acabou acertando o meu carro. Imediatamente, ela pediu desculpas e tirou o carro para que saíssemos do meio da rua. Entrei com o meu carro na garagem e fui verificar o estrago. Zero. A pancada não havia sido forte. O carro da outra pessoa, no entanto, estava levemente amassado.

Ela veio em minha direção cheia de desculpas e já se oferecendo para que levássemos o carro para uma oficina; afirmou que custearia todas as despesas. O diálogo foi mais ou menos o seguinte:

— Moço, me desculpe, eu não vi que você estava logo atrás.

— Não, tudo bem. Não houve estragos no meu carro.

— Mas moço, pode levar na oficina. Pegue aqui o meu número de telefone, e eu cubro toda a despesa. Pode ficar tranquilo.

Eu, já querendo sair, respondi:

— Não, tudo bem mesmo. Não vou precisar mexer no carro. Está tudo certo.

Então veio a pancada que eu não vi chegar:

— Moço, se está tudo bem, por que você está gritando comigo?

Eu estava tão iludido em relação à minha debilidade que não percebi o quão alterado emocionalmente eu estava. Envergonhado, só respondi que não estava gritando e saí.

Naquele dia, entendi que precisava de ajuda. Procurei um psicólogo na mesma semana e comecei um acompanhamento que revelou o transtorno do espectro autista, além de um início de depressão que estava gerando muitas dificuldades.

Veja bem. Eu não era mais um adolescente. Mas aspectos desconhecidos de minha personalidade estavam me tornando completamente imaturo emocionalmente. O curioso é que eu havia passado por situações semelhantes antes, mas sem buscar ajuda, exatamente por achar que conseguia lidar sozinho (ah, a tal adolescência!).

Dessa vez, pelo menos, tive a maturidade de encarar o problema e procurar a forma correta de corrigi-lo.

Agora, quando o assunto é a imaturidade espiritual, como identificar?

Enquanto escrevo este trecho do capítulo, está acontecendo um evento para adolescentes e jovens da minha igreja. Em um dos seminários a que assisti, algo me chamou a atenção, e preciso compartilhar com você agora.

Um dos preletores falou a respeito de Marcos 3:14, texto em que Jesus escolhe os discípulos: "Então, designou doze para estarem com ele e para os enviar a pregar". O que aquele preletor disse me remeteu diretamente à ideia de maturidade espiritual.

Eu explico. O texto aponta para duas fases do ministério que os discípulos precisavam desenvolver ao lado de Cristo. A primeira está ligada à ideia de separar os doze para "estarem com ele", o que tem a ver com a fase inicial da vida cristã. Ainda é uma fase imatura, mas de crescimento acelerado da vida espiritual. Nela o relacionamento com Cristo está em desenvolvimento intenso. O cristão, ainda imaturo, é completamente dependente em tudo. Sua fé ainda depende de evidências, sua devoção ainda é inconstante, seu medo de cair ainda é enorme. Ele sente insegurança em relação a tudo que o cerca espiritualmente.

A segunda parte do texto de Marcos nos leva a uma fase bem mais madura na vida cristã. O cristão não depende de evidências (pois já as tem); sua devoção é uma necessidade básica, não mais um mero desejo; e seu nível de segurança em Cristo lhe permite observar a vida passando sem o receio de cair.

Um detalhe sobre a última frase. Não tem nada a ver com não pecar mais. Tem a ver com a segurança do perdão em Cristo ao pecar. A segurança em Cristo é suficiente para fazer com que esse cristão tenha uma vida muito mais leve.

Mas, voltando ao texto, podemos distinguir a maturidade e a imaturidade espiritual com uma palavra-chave: dependência! O cristão maduro é muito mais independente do que o imaturo!

Oi?! Você está dizendo que cristãos maduros são independentes?

Exatamente! Independência é o que se espera de crianças que crescem. Tanto é que 60% dos adolescentes da pesquisa responderam [...] sua fé havia aumentado desde a infância. Ou seja, eles tinham crescido. Ainda assim, 81% ainda queriam que sua fé crescesse. Eles reconheciam que existiam coisas a melhorar e espaço para serem mais independentes.

Mas vamos detalhar o que seria essa independência. Primeiro, e mais importante: não é uma independência de Deus! É independência de coisas. A pessoa é tão dependente de Deus, que nada mais é capaz de impactar negativamente sua espiritualidade. Isso é tão forte que nem os problemas pessoais e as dúvidas que ainda possam existir destroem o relacionamento com Deus.

Vou tentar explicar esses conceitos com base no texto de Marcos. Ali, vemos que Jesus escolheu os discípulos para que, além de permanecerem com ele, fossem enviados para pregar. Só servem para pregar aqueles que compreendem que seu papel não se restringe mais a serem alimentados, mas a alimentar. Os discípulos, a partir do momento em que estivessem com Cristo, seriam levados a deixar suas preocupações próprias para um nível de cuidado com os outros que os colocaria na essência da maturidade de que estamos falando.

Com isso, quero dizer que a independência daquele que é maduro o levará a mais um elemento importante de maturidade: o serviço. E esse conceito do serviço como base da maturidade não precisa estar apoiado apenas nesse texto.

Quando os discípulos terminaram de receber todas as instruções de Jesus, não foram desafiados a elaborar longas orações, ficar durante horas em suas igrejas, nem mesmo fazer um curso avançado de teologia com os rabinos. Bastava levar o evangelho, que haviam ouvido de Cristo, a todas as nações (Mateus 28:18-20).

Os profetas do passado estavam maduros quando sua preocupação estava na salvação de seu povo, e não em seu próprio bem-estar. Foi assim com Elias, Eliseu, Isaías, Jeremias, Daniel, João Batista e cada um dos apóstolos.

Não sei se você notou um detalhe: nos últimos parágrafos, falei de *cristãos* maduros, e não exclusivamente de *adolescentes* maduros. E foi de propósito. Imaturidade não é uma exclusividade de adolescentes. Estamos cercados de adultos imaturos, que não desenvolveram ainda o senso de independência. E aqui me refiro à maturidade em todas as áreas, inclusive a espiritual, mas não apenas ela.

Estamos falando da fé no contexto da adolescência, mas queria fazer você pensar em quantos adultos continuam vivendo uma fé adolescente. Eles estagnaram na primeira fase de Marcos 3. Estão concentrados em serem pastoreados como ovelhas dependentes. E esse tipo de cristão dá um trabalho tremendo!

São cristãos que só funcionam em grandes programações, excelentes cantores e exímios pregadores. Ficam clamando por agitação porque não conseguem ouvir o "cicio tranquilo e suave" que Elias reconheceu como sendo a presença do Senhor (I Reis 19:12 e 13). Nas palavras de Vanderlei Dorneles, são cristãos em busca do êxtase. Na ênfase pelas experiências sensoriais, destituíram sua vida cristã das verdades absolutas da palavra de Deus![56]

UMA FÉ MADURA NÃO DEPENDE DE EVENTOS RELIGIOSOS OU EMOÇÕES PASSAGEIRAS; ELA SE SUSTENTA NA PROXIMIDADE CONSTANTE COM DEUS.

Essa dependência sensorial é um forte indicativo de que a fé não está madura o suficiente ainda.

Mas Macsuel, essas programações não ajudam pessoas que estão fracas a fortalecerem a sua fé?

Sim. E é exatamente o que estou dizendo: pessoas que estão fracas! Aplicando isso ao conceito de que estamos

56 DORNELES, V. *Cristãos em busca do êxtase:* adoração e espiritualidade no cenário atual. Engenheiro Coelho: UNASPRESS, 2006. p. 228.

tratando, são pessoas imaturas. Tais programações precisam acontecer por conta daqueles que são imaturos e dependem disso para amadurecer. Mas, à medida que o tempo passa, essas programações devem ter o seu público renovado por pessoas começando na fé.

É inadmissível que um cristão maduro dependa dessas programações para a sua fé. Afinal, se é maduro, sua fé está tão centrada na pessoa de Cristo, que apenas ele é suficiente. O Salmo 23:1, por exemplo, diz: "O SENHOR é o meu pastor; nada me faltará". O texto em hebraico registra a ideia de suficiência no Senhor. Nesse caso, Davi afirma que, ao ter o SENHOR Deus como pastor, ele não depende de nada mais.

Pessoas maduras na fé são canais pelos quais Deus atinge outras que ainda precisam passar pela mesma experiência. A mente de quem já está amadurecido na fé se concentra em permitir-se ser instrumento de Deus. Como vimos, à luz de Marcos 3, podemos concluir que pessoas espiritualmente maduras se concentram em amadurecer a fé de mais gente.

Sabe de uma coisa? Não sei se estamos levando a sério essa ideia! Estamos nos concentrando tanto em nós mesmos que nos esquecemos de que a maturidade nos leva à preocupação com o outro.

Quando Gibson escreveu sobre a imaturidade emocional dos pais, apresentou uma longa lista de características que facilitam a identificação dessa maturidade em nossa vida e na das pessoas ao nosso redor.[57] Não

57 GIBSON, L. C. *op. cit.* p. 186-198.

vou explorar toda a longa lista, mas quero trazer para o campo espiritual algumas das características emocionais que a autora elenca. Vou começar lidando com as apresentadas no final da lista.

Pessoas emocionalmente maduras impactam positivamente quem está a seu redor. Elas gostam de confortar, transmitem segurança, fazem os demais se sentirem notados e compreendidos. Gibson resume essas características dizendo que é agradável estar com elas.

Se ligarmos esses pontos à maturidade espiritual, veremos que cristãos espiritualmente maduros estão em condições de aconselhar, trazer segurança, fortalecer e compreender os outros, sendo, assim, boas companhias.

Em determinada ocasião, conversei com alguns amigos sobre o conteúdo deste livro. Perguntei a eles, que estão na fase inicial da juventude, que características identificam em pessoas que acreditam serem maduras. Duas respostas caminharam em uma direção muito próxima daquilo de que estamos falando. Um deles disse que observa bastante o que a pessoa fala, quais são os seus assuntos. Anotei como "a boca fala do que está cheio o coração". Isso é uma adequação entre teoria e prática. Outro afirmou que a pessoa madura não apenas é cristã, mas parece ser. Suas atitudes refletem sua maturidade.

Isso reflete algumas características a mais, abordadas por Gibson em seu livro: pessoas maduras são consistentes, respeitosas, sinceras e refletem sobre seus atos a fim de corrigir o que não está correto. Ou seja, são conscientes daquilo que fazem e procuram fazer o que é correto.

Isso me remete a uma história que ouvi. Um senhor de idade, sem audição, frequentava regularmente o culto. Certo dia, alguém lhe perguntou por que ir a um culto se ele não entendia nada, já que não havia intérpretes. A resposta daquele senhor reflete a lógica comportamental de um cristão maduro: "Quero que todos saibam de que lado eu estou!". Ainda que aquele senhor estivesse preocupado com a visão dos outros a respeito dele, não era porque dependia disso, mas porque os outros precisavam se espelhar em seu comportamento.

O que fazer então para amadurecer a fé?

Excelente pergunta! (Eu sei que fui eu mesmo que escrevi, vai...) Só quero compartilhar com você algumas ideias que podem ajudá-lo na tarefa de desenvolver essa maturidade.

Primeiro: seja realista! Não mascare a verdade. Ser realista é diferente de ser pessimista ou otimista. Ser realista é olhar a verdade como ela é. Então, seja realista em relação aos outros, mas principalmente em relação a você. Reconheça suas fragilidades espirituais e apresente-se diante de Deus sem máscaras.

Aqui cabe uma reflexão importante sobre a oração. Muitas pessoas vivem orações de fachada e acham que isso contribui para sua vida espiritual. Pessoas que tiveram um dia horrível apresentam-se felizes pelo dia que tiveram. Não como Paulo, que se mostrou feliz diante das fraquezas (2 Coríntios 12:10), mas como o fariseu da parábola de Jesus (Lucas 18:9-17), que estava tão concentrado nos outros que não reconhecia a si mesmo. Apresente-se diante de Deus como você é. Não tenha medo de ser frágil e defeituoso. Só alguém que se reconhece nesse estado está em condições de ser transformado pela graça de Deus.

Em segundo lugar: pese seus pensamentos com a razão. Romanos 8:8 afirma que "os que estão na carne não podem agradar a Deus". Ser dominado por seus sentimentos é estar submetido ao descontrole. Dê lugar à razão. Os sentimentos são importantes, afinal de contas foi Deus quem os colocou em nós, mas eles não podem ser a única base sobre a qual nossas decisões são tomadas. Pessoas dominadas por seus sentimentos são imaturas.

Em terceiro lugar: esteja disposto a mudar. O único que não muda é Deus (Malaquias 3:6). Pessoas maduras conseguem abrir mão de ideias que percebem que são equivocadas. Já as imaturas são teimosas inveteradas. Teimam até quando se percebem erradas, apenas para não darem o braço a torcer.

Em quarto lugar: não seja tão sério. Sim, carisma é importante para pessoas maduras. Crentes que não sabem sorrir não passam de indivíduos amargurados que não encontraram a verdadeira graça em Deus. É óbvio que não estou dizendo para você agir como o Coringa, do Batman, e sorrir de coisas que precisam ser levadas a sério, mas seja sensato.

Por último: olhe para Jesus. Foi Paulo quem disse "sede meus imitadores, como também eu sou de Cristo" (I Coríntios 11:1). Essa é uma afirmação audaciosa, mas de alguém que encarava a realidade como ela era. Paulo não tinha medo de ser achincalhado por suas afirmações porque era consciente da proximidade que tinha de Cristo.

Pensar em Jesus precisa levar-nos a imitar seu exemplo. Você consegue imaginar Jesus fugindo da realidade dos problemas pelos quais passou? Ele encarou o medo no Getsêmani e não o negou. Suas emoções estavam latentes, mas ele são se deixou dominar por elas. Sua vontade era desistir, porém mudou de opinião diante da negativa do Pai. E em sua vida, quem poderia dizer que ele era um ranzinza carrancudo? Ninguém! Por uma simples razão: era amado pelo público mais honesto em suas reações – as crianças.

Podemos concluir, portanto, que a maturidade espiritual não está, necessariamente, relacionada à questão da idade. Enquanto adolescentes podem desenvolver maturidade espiritual, apesar de não estarem maduros física e psicologicamente, talvez muitos adultos estejam vivendo uma imaturidade espiritual enquanto acreditam estar bem. É fácil se enganar a respeito disso. Tudo depende de como essa construção espiritual é feita.

CRESCER ESPIRITUALMENTE SIGNIFICA APRENDER A CONFIAR EM DEUS SEM PRECISAR DE PROVAS A CADA INSTANTE.

Isso me remete a algo que a adolescente C disse durante a pesquisa: *"Já me senti perdida e sozinha, mas eu sabia que estava longe de alguém. Eu devia ter me aproximado d'Ele antes. Talvez Deus só não 'quis' minha aproximação por saber o meu futuro e que agora eu seria melhor do que antes".* Notou alguém que conseguiu visualizar sua experiência e reconhecer a ação de Deus mesmo diante do aparente distanciamento de Deus em outras etapas?

Antes de encerrarmos, quero compartilhar um comentário que o adolescente F fez durante a pesquisa.

> *Eu quero mudar. Eu quero ser uma pessoa melhor. Eu quero ser um exemplo, não de pessoa, com notas ou com outras coisas fúteis assim, mas como cristão. Eu quero que as pessoas me vejam como um. Quero que saibam que eu daria tudo por Jesus. Mas até lá, o caminho é longo e complicado. Então me restará ter fé, acreditar no renascimento entregue a mim por Cristo.*

Que texto, não? Esse comentário do adolescente F evidencia exatamente o que discutimos: a maturidade espiritual não é uma questão de idade, mas de consciência e construção de fé. Enquanto alguns adultos podem viver uma espiritualidade imatura, esse adolescente demonstra um entendimento profundo do processo de amadurecimento espiritual. Ele reconhece que sua caminhada é longa e desafiadora, mas, em vez de se acomodar em uma percepção distorcida de sua fé, entende que precisa crescer, buscar conhecimento e se aprofundar na vivência cristã. Essa postura é exatamente o que se espera de alguém que está amadurecendo na fé do jeito certo.

Porém, tudo isso ainda é um tanto quanto teórico. É possível ser mais prático em relação ao desenvolvimento da maturidade espiritual? Sim. Tão possível que o próximo capítulo é dedicado apenas a esse assunto.

5.

PRÁTICAS RELIGIOSAS NA ADOLESCÊNCIA

As práticas espirituais facilitam a proximidade necessária com Cristo. Podemos dizer, por exemplo, que "é impossível que a espiritualidade de uma pessoa floresça se a oração for negligenciada".[58] E se Paulo diz que "a fé vem pela pregação, e a pregação, pela palavra de Cristo" (Romanos 10:17), também é impossível que a espiritualidade floresça em uma pessoa que não se cerca da palavra de Cristo e de práticas espirituais constantes. Incoerência essa que, como vimos no capítulo anterior, não é incomum em adolescentes.

A FÉ NÃO SE FORTALECE APENAS COM BOAS INTENÇÕES - É PRECISO QUE HAJA PRÁTICA, DISCIPLINA E COMPROMISSO.

Eu me refiro, nesse caso, ao que Donald Whitney chamou de disciplinas espirituais. Apesar de a expressão parecer alguma coisa extremamente complexa e elaborada, não passa de "hábitos de devoção e cristianismo experimental que têm sido praticados pelo povo de Deus desde os tempos bíblicos".[59] Esses hábitos consistem basicamente em: oração, estudo da Bíblia, envolvimento missionário, adoração, serviço, mordomia, jejum, silêncio (e solidão) e anotações.

---

58 WHITE, E. G. *op. cit.* p. 62.

59 WHITNEY, D. S. *Disciplinas espirituais*. São Paulo: Vida, 2009. p. 15.

Para adolescentes não será diferente. Ainda que as disciplinas espirituais sejam concentradas em uma vida cristã madura, são importantes na consolidação de hábitos de vida que fortalecem a espiritualidade. Esses hábitos são tão importantes que até mesmo o jovem pastor Timóteo recebeu orientações claras do experiente Paulo sobre eles. Falemos agora de algumas dessas práticas espirituais.

ORAÇÃO

Em I Timóteo 2:1, Paulo instrui o jovem pastor a "[usar] a prática de súplicas, orações, intercessões, ações de graças, em favor de todos os homens". Portanto, fica estabelecido que a prática da oração é importantíssima para o desenvolvimento da maturidade espiritual. E temos confirmada essa importância por meio de pesquisas bastante interessantes.

Walter Survillo e Douglas Hobson realizaram estudos sobre atividade cerebral durante a oração. Ao contrário do que previram, os estudos indicaram que pessoas religiosas, durante suas orações, têm mais atividades cerebrais do que em períodos de repouso. Logo, a oração é um processo intenso de conexões cerebrais que permitem o desenvolvimento de neuroplasticidade.[60]

Outro estudo, realizado pelo neurocientista Mario Beauregard, avaliou freiras carmelitas enquanto oravam, e os resultados também foram surpreendentes. Eles indicaram que, durante a experiência religiosa, o núcleo caudado

60 MELGOSA, J. *op. cit.* p. 15-16.

– uma área do cérebro associada à felicidade, ao amor maternal, à alegria e ao amor incondicional – exibiu uma atividade intensa. Da mesma forma, o tronco cerebral esquerdo, ligado ao equilíbrio entre esses sentimentos, mostrou-se especialmente ativo nos momentos de oração. Paralelamente, a ínsula, encarregada de regular o sistema nervoso central e de mediar respostas viscerais a emoções positivas, destacou-se durante o escaneamento. Por fim, observou-se uma elevação significativa na atividade da região cortical pré-frontal, que rege o prazer objetivo, sobretudo em relação a estímulos como o paladar, o olfato e a música.[61]

O estudo de Claire Hollywell e Jan Walker, da Universidade de Southampton, confirmou algo interessante. Segundo eles,

> quando as orações [são] feitas devido a uma emergência ou necessidade imediata, porém não acompanhada de uma vida de fé já existente, a angústia aumentava, resultando uma diminuição das funções da pessoa. No entanto, quando a oração [faz] parte de um contínuo ou íntimo diálogo com Deus, o otimismo, o bem-estar e melhora da capacidade funcional estavam presentes.[62]

61 *Idem*. p. 17.
62 *Idem*. p. 20.

Note que os benefícios da oração vão além da espiritualidade e se refletem na estrutura cerebral. Há um impacto positivo da oração em um período em que o cérebro, como vimos no capítulo 1, está em pleno desenvolvimento.

A ORAÇÃO NÃO MUDA APENAS AS CIRCUNSTÂNCIAS - ELA TRANSFORMA QUEM ORA.

Agora, imagine um adolescente cuja vida de oração é intensa. Não apenas crescerá em seu relacionamento com Deus, como também permitirá que seu cérebro fortaleça as conexões com base na espiritualidade. Isso levará, inevitavelmente, a uma visão espiritual mais aguçada.

Em nossa pesquisa pessoal, 60% dos adolescentes colocaram a oração como prática constante na tentativa de aumentar a fé, o que mostra que eles têm consciência da necessidade da oração nas rotinas de vida. Contudo, ainda 40% deles não enxergaram essa necessidade.

ESTUDO DA BÍBLIA

Um dos textos paulinos que mais me chamam a atenção quando o assunto é a maturidade espiritual é Hebreus 5:11-14, ainda que alguns questionem a autoria de Paulo para essa carta. O apóstolo afirma que a infantilidade faz com que alguns se alimentem de leite espiritual, e não de alimento sólido. E é importante a ideia transmitida no versículo 13: "Todo aquele que se alimenta de leite é inexperiente na palavra da justiça, porque é criança".

O que me chama a atenção é o autor trazendo a ideia de que a experiência está atrelada à Palavra. Algo que Paulo também apresenta em II Timóteo 2:15, quando diz ao jovem pastor que ele precisava ser alguém que "maneja bem a palavra da verdade".

Já vimos, no capítulo 2, que um dos resultados do estudo da Bíblia é a expansão da mente, com base em II Timóteo 3:16-17. Porém, existem outros benefícios importantes que a leitura da Bíblia pode trazer.

Um estudo realizado por Leslie Francis, da Universidade de Gales, no Reino Unido, apontou resultados interessantes sobre a relação entre o estudo da Bíblia e o propósito na vida. Ao analisar mais de 25 mil adolescentes entre 13 e 15 anos, ela questionou a frequência com que liam a Bíblia, além de fazer outras perguntas sobre saúde mental. As descobertas feitas por meio desse estudo mostraram que os adolescentes que acreditavam em Deus, que tinham o costume de ir à igreja e liam a Bíblia com frequência revelaram baixa pontuação para tendências psicóticas e baixa pontuação para conformidade social.[63]

Outro estudo, realizado por Kelly Davis e Catherine Epkins, da Universidade de Tecnologia do Texas, relacionou os problemas familiares com as práticas religiosas. Nesse estudo, a relação entre o conflito, a depressão e a ansiedade eram bem pequenas quando o juvenil

63 *Idem*. p. 44.

praticava sua devoção pessoal, como a leitura da Bíblia. Isso indicava que, embora a leitura e o estudo da Bíblia não eliminassem o conflito, eram uma forma de refúgio e proteção contra a depressão e a ansiedade em crianças envolvidas em brigas familiares.[64]

E se você acha que é só nos campos emocional e do propósito que o estudo da Bíblia pode fazer a diferença, saiba que William Jeynes, professor na Universidade do Estado da Califórnia, estudou o desempenho acadêmico, relacionando-o com os conhecimentos bíblicos de cerca de 140 alunos do ensino fundamental e do ensino médio. Os resultados mostraram que alunos do curso médio, com nível elevado de conhecimento bíblico, também tinham a média das notas mais alta. Em contraste, para aqueles que tinham baixos níveis de conhecimento bíblico, a tendência era a de ter médias baixas.[65]

A pesquisa do professor Jeynes também analisou o comportamento dos alunos na escola, e os resultados mostraram que "aqueles que tinham melhor conhecimento bíblico demonstravam ter melhor comportamento na escola, enquanto o grupo com nível mais baixo de conhecimento da Bíblia tinha o pior comportamento na escola".[66]

Os benefícios do estudo da Bíblia são diversos, mas essa prática ainda é um desafio para muitos adolescentes.

---

64 *Idem*. p. 45.

65 *Ibidem*.

66 *Ibidem*.

Em nossa pesquisa, apenas 37% apontaram a Bíblia como um mecanismo usado para aumentar sua fé.

ENVOLVIMENTO MISSIONÁRIO

No capítulo sobre maturidade, analisamos o texto de Marcos 3:14, no qual duas fases da vida cristã são apresentadas. A primeira se concentra no desenvolvimento de um relacionamento com Cristo, e a segunda no compartilhamento com outras pessoas daquilo que se aprende nesse relacionamento.

Pois bem, o envolvimento na segunda parte é um processo importante na prática religiosa para os adolescentes. Muito do propósito se encontra em envolver-se com o testemunho daquilo que é vivido no relacionamento com Deus.

SE A FÉ NÃO FOR VIVIDA FORA DOS TEMPLOS, TORNA-SE APENAS UM RITUAL, E NÃO UMA RELAÇÃO.

Agora, veja o desespero: apenas 29% dos adolescentes que entrevistamos disseram participar de atividades missionárias como parte do fortalecimento de sua fé. E isso é assustador porque mostra como eles ainda precisam ser alcançados para esse importante mecanismo de fortalecimento da fé. Como veremos, ou você é usado para alcançar pessoas ou você é um dos que precisam ser alcançados.

Aqui entra em cena a preocupação com os dons. Se o cérebro está em desenvolvimento constante durante a adolescência, é a hora perfeita de construir hábitos de testemunho que serão consolidados com o tempo. É por meio desses hábitos que o testemunho poderá acompanhar o adolescente ao longo de toda a sua vida. Nas palavras de Trevin Wax, "o evangelho nos parece mais emocionante não quando o saboreamos, mas quando o compartilhamos".[67] Wax ainda afirma que, apesar de apenas alguns terem o dom de ensinar, "todos os cristãos são chamados a transmitir sua fé a outros".[68]

Ele não está falando isso do nada, ou a partir de suas próprias ideias. Trata-se de um conceito bíblico. Pedro escreveu que somos "raça eleita, sacerdócio real, nação santa, povo de propriedade exclusiva de Deus, a fim de [proclamarmos] as virtudes daquele que [nos] chamou das trevas para a Sua maravilhosa luz" (I Pedro 2:9). Paulo ainda tratou a pregação do evangelho como uma obrigação em I Coríntios 9:16, e Cristo a apresentou como uma ordem, dizendo: "Ide por todo o mundo e pregai o evangelho a toda criatura". (Marcos 16:15).

Perceba que todos esses textos mostram a pregação do evangelho como uma responsabilidade, não uma opção. O mesmo apóstolo Pedro, que ouviu as orientações diretamente de Jesus, escreveu que precisamos estar "sempre preparados para responder a todo aquele que

---

67 WAX, T. *A emoção da ortodoxia*: redescobrindo a aventura da fé cristã. São Paulo: Mundo Cristão, 2024. p. 213.

68 *Idem*..

[nos] pedir razão da esperança que há em [nós]" (I Pedro 3:15). Não há caminho para a maturidade espiritual que deixe de passar por esse princípio.

Craig Groeschel chegou a afirmar, em seu livro *O cristão ateu*, que "os cristãos ateus sabem que deveriam compartilhar sua fé, mas em grande parte, em razão das fortes emoções associadas à prática, em geral não o fazem".[69] Para o autor, isso significa que o não compartilhamento da fé é uma espécie de ateísmo prático. "O amor de uma igreja por Cristo cresce quando seus membros assumem o compromisso de falar dele a outros. Quanto mais falamos daquilo que amamos, mais nosso amor cresce".[70]

A MISSÃO NÃO É PARA ALGUNS CRISTÃOS - ELA É PARA TODOS QUE QUEREM UMA FÉ AUTÊNTICA E VIVA.

ADORAÇÃO E SERVIÇO

Preciso dividir esta seção em duas partes: adoração particular e adoração coletiva. Adoração particular envolve a maneira como você se relaciona com Deus em sua vida privada. Essa é uma tarefa árdua, porque envolve práticas constantes sem a vigilância do outro.

Já falamos de oração e estudo da Bíblia, que são bases para a adoração. Mas não é apenas isso. Adoração

69 GROESCHEL, C. *O cristão ateu*. São Paulo: Vida, 2012. p. 160.
70 WAX, T. *op. cit.* p. 213.

é a "resposta do ser humano redimido à iniciativa salvadora de Deus".[71] Ou seja, tudo que o ser humano faz em reconhecimento à salvação de Deus é, em essência, adoração. Olhe para Davi em seus salmos. Ele convocou o povo para adorar a Deus por diversos meios, como música instrumental, danças, canto (Salmo 150), a própria vida (Salmo 146), bendizeres (Salmo 145), serviço (Salmo 100), presença (Salmo 95), votos (Salmo 65), e a lista poderia ser bem maior se passássemos Salmo por Salmo. O fato a ser analisado aqui é que adoração vai muito além do culto que fazemos, ainda que ele seja parte do processo.

Quando, no entanto, tratamos da adoração coletiva, aí nossos desafios aumentam significativamente. É muito fácil participarmos de atividades de adoração sem adorar. Ao menos é isso que nos diz Isaías 29:13: "Este povo se aproxima de mim com a sua boca e me honra com os seus lábios, mas o seu coração está longe de mim..." – texto que Jesus repete em Mateus 15:8.

No contexto da adoração enquanto resposta, entra em cena o papel do culto. O culto pessoal envolve os elementos que abordamos anteriormente. Mas quando tratamos do culto coletivo, nosso exemplo precisa ser aquilo que os apóstolos entenderam como culto.

"O culto cristão apostólico focalizava-se em Deus, mas particularmente sobre os benefícios salvíficos

---

71 PLENC, D. O. Por uma adoração significativa. *Ministério Pastoral*, 2006. Disponível em: https://teste.ministeriopastoral.com.br/por-uma-adoracao-significativa/. Acesso em: 24 mar. 2025.

manifestados em Jesus Cristo".[72] Havia uma necessidade de aproximar o pecador de Deus a fim de permitir que a salvação transformasse o indivíduo, tirando-o da morte eterna e colocando-o em rota para a vida eterna.

Os cristãos de Atos 2 viviam juntos em doutrina, comunhão, alimento e oração (Atos 2:42), "diariamente perseveravam unânimes no templo, partiam pão de casa em casa e tomavam as suas refeições com alegria e singeleza de coração, louvando a Deus e contando com a simpatia de todo o povo" (Atos 2:46-47). Era um movimento pessoal, mas também um movimento coletivo que envolvia os lares e o templo. A descida do Espírito Santo sobre eles só foi possível porque houve a disposição em viver dessa maneira.

E eles estavam tão concentrados naquilo que faziam coletivamente que o Espírito Santo guiava cada ação daquela igreja. Carl Bates afirmou que "se Deus houvesse tirado o Espírito Santo do meio da primeira comunidade cristã, 95% daquilo que eles estavam fazendo teria cessado imediatamente".[73]

Perceba como o derramamento do Espírito Santo esteve diretamente ligado à adoração daquela primeira igreja. Ou, nas palavras de Philip Yancey: "O cristianismo não é mera fé intelectual interna. Ele só pode ser

72 DORNELES, V. *op. cit.* p. 182.

73 CLOUZET, R. E. M. *A revolução do espírito*. Tatuí: Casa Publicadora Brasileira, 2016. p. 38.

vivido dentro de uma comunidade".[74] Esse autor ainda diz que "a igreja existe, não para oferecer entretenimento, encorajar vulnerabilidade, melhorar a autoestima ou facilitar amizades, mas para adorar a Deus".[75]

Isso vai na contramão do que muitos têm crido a respeito do papel da adoração coletiva. Por conta de problemas nas estruturas das igrejas, existem os que acreditam que não há uma necessidade intrínseca na vida comunitária da igreja. A igreja se tornou vulnerável por seus graves defeitos da modernidade.[76] Para se ter uma ideia, o Grupo Barna realizou uma pesquisa em 2011 com jovens estadunidenses e constatou que 64% dos entrevistados responderam que ir à igreja ou estar com amigos cristãos é opcional na totalidade do tempo ou na maioria das vezes.[77]

Os jovens estão ignorando o papel da igreja por compará-la com suas expectativas em um mundo que mudou. Mas mudar o mundo é sinal de mudar a verdade? A igreja é uma necessidade e uma ordem. Como necessidade, "nem sempre se vai à igreja com a fé na mão. Vai-se de mãos

---

74 YANCEY, P. *Igreja*: por que me importar? São Paulo: Vida Nova, 2014. p. 19.

75 *Idem*. p. 21

76 BOMILCAR, N. *Os sem-igreja*: buscando caminhos de esperança na experiência comunitária. São Paulo: Mundo Cristão, 2012. p. 53.

77 KINNAMAN, D. *Geração perdida*: por que os jovens estão abandonando a igreja e repensando a fé. Pompeia: Universidade da Família, 2014. p. 65.

vazias e a igreja, eventualmente, as preenche".[78] Como ordem, "não deixemos de congregar-nos" (Hebreus 10:25).

Mas existem benefícios atrelados à frequência na igreja que vão além das questões espirituais. George Comstock e Kay Partridge, da Universidade Johns Hopkins, realizaram pesquisas relacionando saúde e frequência à igreja com cerca de 90 mil pessoas na região de Washington, Maryland. Os resultados mostraram que a incidência de tuberculose foi menor em pessoas que frequentavam regularmente a igreja; e que as chances de homens que não frequentavam regularmente a igreja terem doenças cardiovasculares eram 60% maiores.

Nas mulheres, enfisema, cirrose e suicídio foram os problemas avaliados. Os casos de enfisema pulmonar foram três vezes maiores em mulheres que não frequentavam regularmente a igreja; cirrose, cinco vezes; e suicídio, duas vezes.[79]

No que se refere especificamente a adolescentes, cerca de 250 estudos realizados em diferentes lugares e com diferentes públicos apontaram que "pertencer a uma igreja torna-se uma salvaguarda contra o uso de drogas, e isso é verdade especialmente em relação aos adolescentes".[80]

Brent Brenda, da Universidade de Arkansas, pesquisou a relação entre religiosidade e delinquência, uso de bebidas alcoólicas e outras drogas. Quase 3.400 estudantes foram acompanhados. De acordo com os resultados,

78 YANCEY, P. *op. cit.* p. 18.
79 MELGOSA, J. *op. cit.* p. 133-134.
80 *Idem*. p. 141.

a frequência à igreja era um fator importante, principalmente para meninas.[81] Já Carla Berg, da Universidade de Minnesota, concluiu que "os adolescentes com risco mais elevado de iniciar e manter o hábito de fumar eram aqueles que tinham mais idade no grupo, baixo rendimento escolar, eram depressivos e não frequentavam a igreja ou iam muito esporadicamente".[82]

Uma outra pesquisa, dirigida por Stuart Varon e Anne Riley, de Johns Hopkins, apontou que,

> com exceção da renda familiar, a frequência das mães à igreja foi o mais forte indicador de saúde mental e funcionamento social dos participantes adolescentes. Na verdade, a frequência da mãe à igreja era um melhor indicador do que a religião da mãe ou sua educação, etnia e sexo do filho ou estrutura familiar.[83]

Os resultados também mostraram que esses adolescentes estavam mais satisfeitos com a vida do que aqueles cuja proximidade das mães com a igreja era menor.

Creio que esses dados sejam suficientes para ressaltar a importância de ir à igreja; isso vale para todas as pessoas, mas especialmente para adolescentes.

Quanto a esse tema, preciso ainda citar duas coisas que me deixam preocupado especialmente com os pais.

81 *Ibidem*.
82 *Idem*. p. 142.
83 *Idem*. p. 143.

Ouvi as adolescentes D e E, e cada uma delas levantou um problema típico da adolescência. A adolescente D, contando sua história, compartilhou que foi levada a uma igreja por sua tia e, assim, aprendeu a gostar de uma igreja específica. Acontece que, quando a mãe se casou novamente, passou a levá-la em outra igreja, à qual ela não estava acostumada. Essa mudança aconteceu de forma abrupta, como se não tivesse havido reflexão, apenas uma decisão em favor do novo marido. Com calma, o que posso dizer é que é justo que o novo casal tenha decidido frequentar a mesma igreja, mas ao não pensarem na adolescente, ignoraram o impacto negativo que isso poderia ter em sua espiritualidade. Uma mudança de igreja pode ser determinante para a fé de um adolescente, portanto os pais precisam fazer a transição com os filhos, e não a despeito deles.

Já a adolescente E escreveu que "*enfiar seus filhos à força não é nada útil para a fé deles*". Vou discordar e concordar ao mesmo tempo nesse caso. Em uma fase tão volátil quanto a adolescência, os pais precisam sim forçar a barra quando o assunto é a participação nas rotinas religiosas. Eles precisam de hábito, mas não costumam gostar disso. A sabedoria dos pais está em como construir essa realidade. Alguns pais, na ânsia de inculcarem rotinas religiosas em seus filhos, acabam se tornando brutos demais no processo.

É preciso que pais e filhos ajam à semelhança de Cristo. Nas palavras de Ellen White:

> O Salvador nunca suprimiu a verdade, mas disse-a sempre com amor. Em Suas relações com outros, exercia o máximo tato, e era sempre bondoso e cheio de cuidado. Nunca foi rude, nunca proferiu desnecessariamente uma palavra severa, não ocasionou jamais uma dor desnecessária a uma alma sensível. Não censurava a fraqueza humana. Denunciava destemidamente a hipocrisia, a incredulidade, e a iniquidade, mas havia lágrimas em Sua voz ao proferir Suas esmagadoras repreensões. Nunca tornava a verdade cruel, porém manifestava profunda ternura pela humanidade.[84]

Note que, segundo a autora, o que Cristo fazia pela salvação das pessoas passava de Suas palavras e ações para o jeito como Ele falava e agia. Os pais podem, e devem, exigir de seus adolescentes a participação religiosa, mas é preciso que façam isso no espírito de Cristo.

MORDOMIA

Algumas práticas cristãs têm sido profundamente atacadas. Entre elas, está a prática da mordomia cristã. Nesse caso, refiro-me ao profundo conceito de mordomia cristã apresentado na palavra de Deus. Esse conceito envolve tanto a preocupação com as finanças quanto o

84 WHITE, E. G. *Serviço cristão*. Tatuí: Casa Publicadora Brasileira, 2008. p. 176-177.

cuidado na administração do tempo, do corpo e dos dons dados por Deus. São quatro áreas básicas em que somos desafiados a sermos mordomos do que Deus nos deu.

Talvez a área financeira seja a mais atacada por aqueles que não vivem o contexto do evangelho. Com o passar do tempo, houve uma banalização da fidelidade a Deus nas finanças. Líderes religiosos passaram a exigir quantias exorbitantes como "prova de fidelidade", algo muito distante daquilo que Deus ensinou em Sua palavra.

Groeschel escreveu que "em se tratando de dinheiro, pode ser fácil confiar em Deus quando o valor em jogo é baixo. Do contrário, é tentador confiar no dinheiro".[85] E essa é a realidade da maioria das pessoas cristãs. Pensam: *se Deus é o dono do mundo, não precisa do meu dinheiro*. E não precisa mesmo. Mas essa não é a questão. Deus não está interessado em quanto dinheiro eu dou a Ele ou à Sua causa, mas em como administro 100% dos recursos que Ele coloca em minhas mãos.

Não é à toa que Paulo diz que "o amor do dinheiro é raiz de todos os males; e alguns, nessa cobiça, se desviaram da fé e a si mesmos se atormentaram com muitas dores" (I Timóteo 6:10). Veja que Paulo não atribui culpa ao dinheiro em si, porque o dinheiro pode ser usado para o bem ou para o mal; é amoral. O problema está no amor a ele.[86]

Quantos têm dado desculpas para contribuir financeiramente quando, no fundo, são apenas amantes do dinheiro? E em uma geração que valoriza *likes*, *views*,

85 GROESCHEL, C. *op. cit.* p. 143.
86 *Idem*. p. 145.

trends, dancinhas e monetização, como incutir a ideia de que o dinheiro não pode ser motivo de amor? Eles estão cercados de consumismo. Estão cercados de consumo barato de produtos fúteis, pela simples satisfação de ter. Ainda por cima, veem *streamers* e influenciadores sem conteúdo útil ganhando grandes somas de dinheiro de patrocinadores que só querem o público, independentemente da utilidade do que apresentam.

É para essa geração que precisamos ensinar que Deus nos pede a fidelidade em dízimos, ofertas, cuidado com os pobres, administração do que compramos, vestimos, comemos, usamos. É difícil imaginar que consigamos inverter essa realidade, mas precisamos tentar.

Já quando falamos da administração do tempo, temos de tocar em um ponto delicado: os mandamentos de Deus. Não me leve a mal, mas independentemente de como você enxerga o quarto mandamento da Lei de Deus, Ele nos pediu um dia para estarmos ao lado d'Ele.

Não vou me dedicar a justificar o sábado ao invés do domingo. Quero apenas explorar a ideia de que, para muitos dos que dizem guardar o sábado, o domingo ou qualquer dia, o descanso vivido nada tem a ver com o relacionamento com Deus, que era o objetivo.

Os "dias de descanso" viraram tempo para dormir, comer e beber com amigos, praticar esportes, assistir a vídeos, mexer no celular, ver filmes. Mas quanto disso é feito visando a uma aproximação de Cristo?

Hebreus 4 apresenta a ideia de que só descansa no tempo quem descansa em Cristo! Ele é o descanso em essência. Independentemente da questão do dia (que é claro na Bíblia), o mais importante é entendermos que o descanso do dia é o descanso em uma pessoa: Jesus!

Ao tratarmos do corpo, talvez não lidemos com uma área atacada, mas, sem dúvida, com uma área negligenciada por boa parte do mundo, em especial pelos cristãos. Quer ver só?

Na já citada pesquisa do Grupo Barna, 63% dos adolescentes responderam que concordavam totalmente ou na maioria das vezes com a ideia de que "os ensinamentos da igreja sobre sexualidade e o controle de natalidade estão ultrapassados".[87]

David Kinnaman, do Grupo Barna, explica que, no novo discurso cultural sobre sexualidade, esse é um assunto individual. Segundo ele,

> os maiores objetivos do sexo não são apenas o prazer, mas também a liberdade e a expressão dos sentimentos. Na melhor das hipóteses, as 'regras' para sexo dos jovens adultos são orientações soltas, egocêntricas e baseadas nos desejos da própria pessoa. [88]

Isso, porque não perguntaram quantos entre os jovens cristãos tiveram experiências sexuais fora do casamento!

E olhe que só falei de uma coisa simples e clara nas Escrituras. Se adicionarmos a essa conversa o culto ao corpo ou a ideia de que a maneira como eu me alimento não influencia

87 KINNAMAN, D. *op. cit.* p. 153.

88 *Idem*. p. 155

na espiritualidade, aí a coisa ficaria muito mais complicada. As pessoas estão ignorando o corpo, com base em Mateus 15:11 e Marcos 7:15, e morrendo novas demais, com a saúde debilitada demais, viciadas em álcool, drogas e alimentos. Dessa forma, entregam para o próprio corpo anos de vida que poderiam ser dedicados à causa de Deus.

Por fim, a área mais tranquila, aparentemente, é a administração dos dons. E digo "aparentemente" porque nem tudo são flores no mundo atual quando esse é o assunto.

Dizer que nossos dons precisam honrar a Deus parece até óbvio demais. Mas o óbvio também precisa ser dito, afinal de contas, muitos têm usado seus talentos para conquistar o mundo enquanto perdem sua salvação. Quantos habilidosos cantores e instrumentistas têm empregado seus talentos para promover promiscuidade e até desafio a Deus!

Os dons foram dados às pessoas com finalidades muito claras. I Coríntios 12:7 fala de um fim proveitoso, enquanto I Coríntios 14 apresenta a ideia da edificação daquele que tem o dom e da igreja que é beneficiada pelo dom. É simples, mas o amor pelo status, pela fama, pelo dinheiro que o dom pode trazer, tem levado muitas pessoas a negligenciarem a boa mordomia no uso de seus talentos.

Talvez seja o momento de enfatizarmos a parábola dos talentos, contada por Jesus em Mateus 25:14-30. Ali, Jesus apresenta o fato de que, ao final da história deste mundo, Ele irá cobrar de cada um o que fizemos dos talentos recebidos. Dos três servos, dois colocaram os seus talentos a serviço do seu senhor; já o terceiro escondeu-o, preocupado apenas consigo mesmo. Nós nos concentramos na ideia do esconder, mas não notamos que ele o fez por negligenciar o senhor e concentrar-se em si. Se tivesse roubado em vez de negligenciado, o resultado seria o mesmo: "Choro e ranger de dentes" (Mateus 25:30).

JEJUM

Sobre a prática do jejum, não vou me delongar. Mas alguns princípios são importantes para tornar essa prática uma disciplina espiritual que ajude no amadurecimento do cristão, inclusive adolescente.

Para começarmos, o jejum é um ensino bíblico. Jesus ensinou que existem dificuldades espirituais que só são vencidas "por meio de oração e jejum" (Mateus 17:21). Mas o jejum não está ligado apenas a vitórias espirituais; está ligado também à submissão. É o que acontece em vários episódios do Antigo Testamento.

Joel convocou o povo para uma reforma espiritual, e fez isso convocando o povo a jejuar (Joel 1:14). Daniel fez um jejum parcial, deixando de comer algumas coisas durante três semanas para clamar ao Senhor por respostas (Daniel 10:2-3). Davi jejuou por sete dias a fim de pedir a cura por seu filho com Bate-Seba (II Samuel 12:15-23), e essa cura nem veio.

Percebeu como o jejum tem diversas finalidades na Bíblia? Elencamos quatro delas: fortalecimento espiritual, reforma espiritual, pedido de respostas e cura. Tudo o que envolve espiritualidade é um motivo para o jejum.

Os textos apontam para o específico jejum alimentar – que, à exceção de Daniel, que foi parcial, constitui uma restrição alimentar por período definido. Mas alimento não é a única coisa que pode desviar nossa atenção das coisas espirituais. Podemos fazer jejum de entretenimentos, lugares, assuntos. A ideia é que nada nos desvie da proximidade especial com o Senhor.

SILÊNCIO (E SOLIDÃO)

Pode parecer estranho tratar o silêncio como uma disciplina espiritual, mas não é. Aliás, é uma disciplina fundamental pouco explorada pelos cristãos.

Deus falou com Elias por meio do silêncio dele. Gosto muito dessa história porque foi uma das primeiras que estudei para pregar em minha igreja no início da minha adolescência. Até aquela época, os sermões que eu pregava eram preparados por outros adultos (professor, mãe, pai), até o dia em que a história de Elias despertou em mim uma necessidade de perceber a presença de Deus.

Essa história de Elias está registrada em I Reis 17 e 19. O profeta, sem histórico prévio, é apresentado apenas como "o tesbita, dos moradores de Gileade" (I Reis 17:1). É como se a obra dele fosse mais importante que sua história. Então ele aparece somente com a orientação de Deus para que informasse ao idólatra rei Acabe que não choveria na terra por conta de sua adoração a Baal, que era o deus da fertilidade. Era um desafio direto à idolatria de Acabe e sua esposa Jezabel.

Elias é alimentado por Deus à beira do ribeiro de Querite até que a água do ribeiro seque. Deus, então, manda Elias para Sarepta, onde toda uma história se desenrola com uma viúva e seu filho, e mais milagre acontece. O filho da viúva morre, Deus o ressuscita através de Elias, e esse é um tremendo milagre.

Três anos depois, Deus aparece e diz para Elias desafiar Acabe e os profetas de Baal para um duelo. A convocação acontece, e todos vão ao monte Carmelo para um desafio simples: fazer pegar fogo em um sacrifício. A cena é bastante dramática, com os profetas de Baal e Astarote tentando por horas que os deuses respondessem enquanto Elias zombava deles.

A certa altura, Elias manda que parem porque era sua vez de clamar ao Deus de Israel. Ele manda que joguem água em todo o altar com o sacrifício e, no meio daquela lama, o clamor a Deus acontece. Diante de todo o povo, o fogo desce do céu e consome o sacrifício, a lenha, as pedras, a terra e a água.

O povo se prostra, reconhece que o SENHOR é Deus, e até Acabe pede misericórdia. Elias, então, mata todos os falsos profetas e, logo em seguida, põe-se a orar por chuva. A chuva cai, e com ela caem todas as forças que Elias ainda tinha. O alto pico de estresse que ele havia passado o deixou extremamente vulnerável para o que viria depois.

Jezabel, esposa de Acabe, fica revoltada com Elias pela morte dos profetas. Como resposta, ela ordena que cacem Elias até a morte. É nesse momento que Elias não consulta Deus e toma a primeira decisão que parece ser dele mesmo em toda a história: "Se foi ao deserto, caminho de um dia, e veio, e se assentou debaixo de um zimbro; e pediu para si a morte" (I Reis 19:4). O profeta de Deus estava esgotado emocionalmente, e isso impactou tudo o que aconteceria dali para a frente.

Um anjo aparece e, depois de o alimentar e permitir que ele durma mais de uma vez, o faz caminhar por quarenta dias até o monte Horebe. Perceba o detalhe. Ele saiu de um dia de distância para quarenta dias. É como se Deus o quisesse completamente isolado das influências externas.

Então Deus intensifica o relacionamento. Passa um vento forte, um terremoto e depois um fogo. Todas são representações de intensidade, mas Deus não estava em nenhuma. É quando aparece um "cicio tranquilo e suave" (I Reis 19:12). A ideia é de uma tranquilidade que só é possível na solidão.

Só então Deus tem uma conversa franca com Elias sobre os seus propósitos e o seu futuro. Deus dá tarefas para que ele cumpra antes de levá-lo ao céu em uma carruagem de fogo, em um redemoinho.

Note que Elias precisou da solidão para encontrar-se com Deus. Não que Deus não estivesse com ele, mas foi sozinho que teve respostas, foi sozinho que encontrou propósito, foi sozinho que Deus o fez levantar-se e andar até que estivesse em condições de ser levado ao céu.

Essa é a importância da solidão nas disciplinas espirituais. Não é esvaziar a mente para não pensar em nada, mas concentrar-se em Deus para poder ouvir Sua voz orientando, fortalecendo e acalmando o coração atribulado. Ou, como falou Tércio Sarli, para aproveitarmos nossos momentos com Deus, é necessário "[gastar] os primeiros minutos em silêncio. [Procurando] deixar de lado seus problemas, suas preocupações, seu trabalho".[89]

Na adolescência, com as conexões cerebrais ainda em formação, cada um desses itens que discutimos poderá ajudar a construir uma mentalidade espiritual que permitirá uma espiritualidade mais aguçada.

O VERDADEIRO CRESCIMENTO ESPIRITUAL ACONTECE QUANDO DEIXAMOS DE BUSCAR APENAS EXPERIÊNCIA E COMEÇAMOS A BUSCAR PROFUNDIDADE.

Por isso, o adolescente precisa transformar sua vida em uma vida de oração, ter tempo de estudo da Bíblia e de outros livros que apoiem a compreensão das Escrituras, envolver-se em ações missionárias que fortaleçam o senso de propósito, adorar a Deus a sós e em comunidade, administrar corretamente os recursos que Deus coloca em suas mãos, ter momentos de abstinência de coisas que tomam o tempo de Deus e permitir que o silêncio construa uma conexão profunda com Cristo.

Mas nem tudo é tão simples. Existem dificuldades que os adolescentes enfrentam e que podem atrapalhar todas essas construções que conversamos até aqui. É sobre algumas dessas dificuldades que conversaremos no próximo capítulo.

89 SARLI, T. *A hora tranquila*: enriqueça sua vida de comunhão com Deus. Tatuí: Casa Publicadora Brasileira, 2010. p. 18.

6.

AUTORIDADE, REBELDIA E FÉ

Autoridade. Ô palavrinha difícil de lidar! Existem pelo menos duas formas básicas de se exercer autoridade: imposição e conquista. Tal diferenciação é típica do período da adolescência.

> Se por um lado, os adolescentes apresentam tendências a rebelar-se, confrontar e questionar seus pais, seus professores ou as normas socialmente estabelecidas de bom comportamento, por outro, revelam-se consideravelmente dispostos a sujeitar-se a normas e práticas de comportamento de grupos com que desejam se associar.[90]

Autoridade por imposição é aquela exercida por força de função. No contexto da adolescência, é a autoridade exercida obrigatoriamente pelos professores, líderes religiosos e, principalmente, pelos pais. Michel Foucault, em *Microfísica do poder* e em *Vigiar e punir*,[91] explora bas-

---

90 ROSSI, T. C. *O estereótipo da rebeldia na adolescência*: uma abordagem sociológica. 2007. 125 f. Dissertação (Mestrado em Sociologia) – Universidade Federal de Minas Gerais, Belo Horizonte, 2007. p. 45. Disponível em: https://repositorio.ufmg.br/bitstream/1843/VCSA-8BNSLH/1/disserta__o.pdf. Acesso em: 25 maio 2025.

91 FOUCAULT, Michel. *Microfísica do Poder*. Rio de Janeiro/São Paulo: Paz e Terra, 2023. FOCAULT, Michel. *Vigiar e Punir*. Petrópolis: Vozes, 2022.

tante essas relações hierárquicas criadas por estruturas sociais. Todos somos submetidos a elas, os adolescentes inclusive. No entanto, em uma fase de construção de sua própria identidade, é natural que os adolescentes questionem a formação dessas estruturas e tenham dificuldades de se adaptarem socialmente a elas.

Já quando tratamos de autoridade por conquista, estamos falando de liderança carismática. Nesse caso, o carisma conquista a referência para o adolescente. O curioso é que, mesmo com todos os problemas de construção de identidade, os adolescentes têm facilidade em aceitar essa liderança carismática. Tanto é assim que alunos sem autoridade formalizada, mas com carisma social suficiente, conseguem dominar turmas de trinta a quarenta alunos com mais facilidade que muitos professores experientes. Isso não é um defeito nos professores, necessariamente. Está ligado a essa relação entre o que é imposto e o que é conquistado.

Em nossa pesquisa, duas outras perguntas criaram uma base interessante para discussão agora. Perguntamos quem eles buscam quando precisam de ajuda espiritual e quem eles não buscam quando precisam de ajuda espiritual. Os dados foram muito estranhos, para falar a verdade: 29% mencionaram que buscam familiares, quase todos a mãe; 44% citaram Deus, a maioria apenas Deus; e, curiosamente, 15% disseram não buscar ajuda de ninguém. Inclusive, a adolescente A (já falamos dela outras vezes) relatou que todas as vezes que procurou ajuda só ouviu frases decoradas, como "tudo está no plano de Deus".

É interessante que 29% também afirmaram não buscar alguém da família, especialmente o pai. Isso me fez me lembrar do livro *O efeito da ausência do pai nas filhas*, já que a maioria dos que responderam à pesquisa eram meninas. O que está acontecendo? Como é possível que aquele que deveria ser o sacerdote do lar não seja confiável aos próprios filhos! É inadmissível que algo assim aconteça, e a culpa não está nos adolescentes, mas sim nos pais, com toda a certeza. São eles que não estão agindo no espírito de Cristo para alcançar o coração de seus filhos. Ou, citando diretamente o livro que mencionei: "O pai ausente [...] [castra] e [rouba] suas forças".[92]

Ainda sobre a pesquisa, 25% falaram das amizades como não sendo um referencial para auxílio espiritual. Isso mostra que, ainda que amigos sejam importantes e possam ajudar, os próprios adolescentes reconhecem as complicações que más amizades podem trazer à vida espiritual.

Repare que as duas perguntas citadas aqui remetem ao conceito de autoridade: quem os adolescentes reconhecem ou não como autoridade. E aí vem o detalhe não percebido (até porque fiz questão de não enfatizar): apenas 11,1% dos entrevistados citaram líderes religiosos como referência para pedir ajuda, e ainda teve uma

92 SCHWARTZ, S. E. *O efeito da ausência dos pais nas filhas*: desejo paterno, ferida paterna. Petrópolis: Vozes, 2023. p. 203.

adolescente que citou explicitamente um de seus pastores como sendo alguém que ela não buscaria.

Se os dados sobre os pais eram assustadores, esse dado é terrivelmente desesperador. Aqueles que têm por ofício a liderança espiritual da comunidade têm sido ignorados pelos adolescentes, que estão em uma fase frágil que tanto precisa de orientação. Que autoridade é essa? A função não tem sido suficiente para estabelecer o contato com os adolescentes. Os líderes não têm conseguido conquistar esse grupo tão carente.

Interessante também é que a Bíblia fala sobre a importância de viver a autoridade pela conquista. O apóstolo Pedro diz: "Pastoreai o rebanho de Deus que há entre vós, não por constrangimento, mas espontaneamente, como Deus quer; nem por sórdida ganância, mas de boa vontade" (I Pedro 5:2). Ele está, claramente, apontando para a necessidade de o líder cristão exercer autoridade por conquista, não por imposição. Jesus ainda afirma: "Nem sereis chamados guias, porque um só é vosso Guia, o Cristo. Mas o maior dentre vós será vosso servo" (Mateus 23:10-11). Ou, nas palavras atribuídas a John C. Maxwell: "Um líder é alguém que conhece o caminho, anda no caminho e mostra o caminho".

O problema é que é comum as pessoas associarem adolescência a rebeldia. E isso está diretamente relacionado à formação cerebral, que comentamos no início do livro. Os impulsos são mais fortes que a razão. Mas obviamente há muito mais coisas acontecendo por baixo dos panos.

Uma dessas coisas é a formação da identidade.[93] Essa crise leva o adolescente a questionar as autoridades, não por maldade, mas por estar construindo suas próprias decisões. Não entenda isso como desculpa para a desobediência, porque não é, mas como uma necessidade de explicações mais profundas para as ordens que eles recebem.

Se antes tudo era resolvido pela força do "porque eu mando", nessa fase os argumentos precisam ser mais bem elaborados. E convenhamos que nem sempre os adultos têm a paciência necessária para dar tais explicações. É como se a racionalidade fragilizada pelo cérebro em estruturação fosse dependente daqueles que já passaram por isso. Eles dependem dos adultos para entender as coisas, mas os impulsos ainda são fortes o bastante para que neguem a necessidade desse direcionamento.

Portanto, há um rompimento com a autoridade durante a adolescência, e isso é normal - ou ao menos deveríamos entender como normal. Mas crise de autoridade não é uma exclusividade adolescente, mas sim algo presente em toda a modernidade, especialmente em relação à religião.

A CRISE DE AUTORIDADE NÃO É EXCLUSIVIDADE DOS ADOLESCENTES - ELA É REFLEXO DE UMA SOCIEDADE QUE JÁ NÃO SABE EM QUEM CONFIAR.

93 POWELL, K.; GRIFFIN, B. M. *op. cit.* p. 93-108.

O político e intelectual britânico Thomas Paine resumiu o pensamento revolucionário do final do século XVIII desta maneira: "Não acredito no credo professado... por nenhuma Igreja que eu conheça. Minha mente é a minha própria Igreja".[94] No parágrafo seguinte, ainda escreveu: "A meu ver, todas as instituições nacionais eclesiásticas [...] não passam de invenções humanas instaladas para aterrorizar e escravizar a humanidade, e para monopolizar o poder e o lucro."[95]

Nos adolescentes, no entanto, o desafio é ainda maior. David Kinnaman afirmou que "milhões de jovens adultos deixam de envolver-se ativamente na igreja quando saem da adolescência",[96] ou seja, sua espiritualidade não sobrevive à fase. E ele não diz isso à toa. "Freud notou que os jovens perdem as suas crenças religiosas 'assim que a autoridade dos seus pais se rompe'".[97]

Percebe o problema? Eles estão em crise de identidade, em uma sociedade em crise de autoridade, e tudo isso enquanto constroem suas próprias crenças. Não é nada fácil ser adolescente! E o pior é que todos nós passamos por essa fase e não percebemos esses detalhes integralmente.

Os números sobre a crise de autoridade religiosa são assustadores. Cerca de 40% dos jovens que responderam a uma das pesquisas de David Kinnaman disseram que não

---

94 PAINE, T. *A era da razão*. São Paulo: Faro Editorial, 2022. p. 8.

95 *Ibidem*.

96 KINNAMAN, D. *op. cit*. p. 19.

97 NICHOLI JR., A. M. *op. cit*. p. 62.

querem seguir todas as regras da igreja na maioria das vezes ou o tempo todo.[98] E apenas 33% deles entendem que a maturidade espiritual está ligada ao esforço de seguir as regras da Bíblia.[99] Isso é tão impactante na vida deles, que um em cada três que responderam à pesquisa crê que a igreja está alheia aos problemas reais do mundo.[100]

Quer ver uma percepção interessante sobre a autoridade? Relacionemos essa questão com o assunto tratado no capítulo 3: as dúvidas. Exatamente a metade dos que responderam à pesquisa de Kinnaman afirmaram que, na maior parte ou na totalidade, concordam com a ideia de que as perguntas que mais os incomodam não podem ser feitas na igreja. Não é uma questão de ambiente, é uma questão de pessoas! Não estamos permitindo que um relacionamento saudável se desenvolva entre nós e os adolescentes.

Faça uma pesquisa na internet e você encontrará uma infinidade de livros que abordam o relacionamento entre pais e filhos, professores e estudantes, líderes adultos e liderados adolescentes ou jovens. Isso mostra uma carência profunda nesses relacionamentos. Ainda que a Bíblia diga que os filhos devem obedecer aos pais e os pais não provocar a ira dos filhos, boa parte das famílias estão vivendo como estranhos. As rotinas têm impedido que os relacionamentos se aprofundem.

---

98 KINNAMAN, D. *op. cit.* p. 153.
99 *Idem.* p. 165.
100 *Idem.* p. 175.

Quando os filhos questionam, ouvem um: "Cala a sua boca!". Mas quando ficam quietos ouvem: "Você não conversa mais com a gente!". Isso gera uma confusão emocional e racional naquela mente em desenvolvimento. Sejamos honestos: estamos muito distantes da proposta de uma autoridade conquistada, tão necessária para a adolescência.

É aqui que a igreja pode fazer uma diferença imensa. Mas só será possível se os adultos estiverem emocional e espiritualmente maduros, o que também é um desafio. Imagine um adolescente precisando ser aconselhado e conversando com adultos que são péssimos exemplos e piores ainda dando conselhos. Será um desastre atrás de outro ou, conforme a expressão utilizada por Jesus, "um cego [guiando] outro cego" (Mateus 15:14 – AA).

ADOLESCENTES NÃO REJEITAM A FÉ PORQUE NÃO ACREDITAM – ELES SE AFASTAM PORQUE NÃO ENCONTRAM ESPAÇO PARA EXPRESSAR SUAS DÚVIDAS SEM JULGAMENTO.

Como a autoridade da igreja pode ser um porto seguro nessa fase?

Segundo R. Handley, "a fama é um vapor, popularidade é um acidente, dinheiro cria asas, aqueles que elogiam você hoje, o criticam amanhã. A única coisa que permanece é o caráter".[101] E é aqui que a igreja e sua autoridade em lidar com o caráter podem contribuir

101 TAVARES, A. *Adolescentes*. Curitiba: A. D. Santos, 2023. p. 107.

socialmente. O caráter depende da formação de bons relacionamentos, afinal de contas, cada pessoa tem em si a necessidade de "aprender e ensinar. Ser abençoado e abençoar. Ser recebido e receber outro. Ser cuidado e cuidar dos outros",[102] e tudo isso acontece no contexto de uma igreja saudável.

Para lidarmos com o papel da igreja, comecemos dizendo o que é desnecessário nela para exercer sua autoridade como porto seguro. Kara Powell, Jake Mulder e Brad Griffin descrevem dez características de que a igreja não precisa para ajudar no crescimento dos jovens (e adolescentes).[103]

Em primeiro lugar, eles apontam que o tamanho de uma igreja é irrelevante para determinar sua influência. Esse aspecto é interessante porque muitas vezes pensamos que quanto mais pessoas estiverem juntas, maior será a influência exercida sobre essa faixa etária. Mas a realidade é muito diferente disso. Pequenas comunidades, que sejam funcionais e saudáveis, podem exercer muito maior influência do que os grandes shows de igrejas maiores.

O segundo ponto desnecessário refere-se à localização. O fato de a igreja estar posicionada em grandes centros, ou o contrário, tem pouca ou nenhuma relevância no impacto que pode exercer. É possível que você consiga

---

102 *Ibidem.*

103 POWELL, K.; MULDER, J.; GRIFFIN, B. *Growing young*. Grand Rapids: Baker Books, 2016. p. 25-27

pensar em igrejas que se tornaram relevantes ou completamente irrelevantes em ambos os ambientes.

O terceiro item citado é o tempo de existência. Muitas pessoas associam igrejas novas a igrejas vibrantes e igrejas antigas a igrejas mornas. A verdade é que o impacto do discipulado é transformador em qualquer contexto de experiência cristã, desde que estejamos lidando com pessoas espiritualmente maduras – o que não está relacionado com o tempo, necessariamente.

Outro ponto mencionado é a denominação religiosa. Apesar de associarmos determinadas religiões à ideia de envolvimento, a liturgia determinada pela teologia não significa nada se estiver destituída da profundidade do discipulado.

O quinto item está relacionado ao extraordinário. Coisas fora do comum podem ser marcantes por uma vida sem serem transformadoras. E, se estamos falando do desenvolvimento espiritual dos adolescentes, é a vida comum que faz a diferença, não o extraordinário.

A modernidade do prédio é o sexto ponto levantado por Powell, Mulder e Griffin. Recentemente, eu estava conversando com uma líder de adolescentes de uma igreja em reforma. Estão ampliando o prédio, que ficará um monumento. Mas a conversa não se desenrolou para esse lado. A líder em questão estava falando da dificuldade que seus adolescentes estavam tendo para se envolver na igreja. Especialmente para os adolescentes mais velhos, a igreja estava se tornando irrelevante e até inútil com suas rotinas destituídas de processo discipulador.

Muitos líderes de igreja pensam que tudo é uma questão de dinheiro. Orçamento pequeno é desculpa para não se fazer alguma coisa que mude a realidade dos adolescentes e jovens. Quantas vezes, enquanto líderes de igreja, já não ouvimos as pessoas dizendo que não tinham recursos para investir no discipulado de jovens e adolescentes? Pois bem, Powell, Mulder e Griffin afirmam que pouco importa o investimento financeiro. É o investimento de tempo e dedicação que faz a diferença.

Cultos com linguagem contemporânea têm sido apresentados também como uma necessidade, quando não passam de engodo. De novo, cabe lembrarmos daquilo que Vanderlei Dorneles comentou em *Cristãos em busca do êxtase*:

> As experiências espirituais por meio do transe são também uma estratégia de enfrentamento do secularismo. A religião foi marginalizada e sua legitimidade ficou questionada, inclusive por causa de sua adaptação ao mundo da razão, que a levou a suprimir o misticismo. Essa mesma marginalização criou a necessidade de retomar o misticismo a fim de que a igreja sobreviva. Essa retomada mística é vista na exibição de eventos religiosos, cujo objetivo é também dar novamente crédito à experiência religiosa, inclusive dentro do cristianismo.[104]

104 DORNELES, V. *op. cit.* p. 68.

Os autores também mencionam que outro engano das igrejas é imaginar que precisam aliviar nas mensagens bíblicas de forma a torná-las mais palatáveis. Pense no problema que abordamos no capítulo 3. Aliviar a mensagem não permitirá que as dúvidas comumente levantadas sejam sanadas na mente inquiridora dos adolescentes. Além disso, mensagens leves tendem a rebaixar princípios que deveriam ser importantes na consolidação do caráter desse público.

Por fim, Powell, Mulder e Griffin apresentam a ideia de que se tentarmos competir com os entretenimentos do mundo, nós perderemos feio. Ou seja, o discipulado com adolescentes e jovens depende de uma base forte, não de entretenimentos constantes.

Se avaliarmos profundamente a maneira como a igreja tem tentado fazer a diferença na vida dos adolescentes, perceberemos que, na maior parte do tempo, estamos fazendo apenas o que foi apresentado até aqui como um erro. Isso, porque ainda existem dificuldades para entender que o que importa é o caráter.

A igreja tem sua autoridade fundamentada em sua missão, e essa missão foi dada pessoalmente por Jesus:

> Toda a autoridade me foi dada no céu e na terra. Ide, portanto, fazei discípulos de todas as nações, batizando-os em nome do Pai, e do Filho, e do Espírito Santo, ensinando-os a guardar todas as coisas que vos tenho ordenado (Mateus 28:18-19).

Jesus estava concedendo autoridade à igreja a partir de sua própria autoridade. Mas aqui a preocupação não era impor uma autoridade missional, mas conquistar uma autoridade a partir de uma missão.

Adolescentes e jovens durante a história foram canais até de manipulação por aqueles que queriam impor suas ideias ao mundo. Jeremias era um jovem, Daniel era um jovem, os discípulos eram jovens, Lutero era um jovem, muitos reformadores eram jovens, muitos jovens fundaram igrejas e movimentos. Mas a lógica da missão não é exclusividade da igreja. Movimentos como a cruzada das crianças (sim, aconteceu uma cruzada com crianças!), Revolução Francesa, juventude hitlerista, atividades militares na África, no Oriente Médio, e os famosos movimentos sociais a partir dos anos 1960, todos tiveram imensa participação de adolescentes e jovens.

É fácil angariar jovens para movimentos sociais porque eles têm um alto senso de pertencimento. Há um desejo por significado que os coloca à mercê do engajamento intenso em causas maiores. O que a igreja pode fazer então?

Ángel Manuel Rodríguez afirma que "a igreja é um centro de ensino, no qual jovens e velhos, homens e mulheres devem ser instruídos na fé a fim de reparti-la e, ao mesmo tempo, aprendem como ser cristãos no mundo".[105] Assim como movimentos políticos incutem propósito na mente de adolescentes e jovens, a igreja deve incutir propósito

---

105 RODRÍGUEZ; Á. M. (org.). *A igreja*: adoração, ministério e autoridade. Tatuí: Casa Publicadora Brasileira, 2020. p. 379.

missionário na mente de sua juventude. Ainda segundo o autor, a autoridade da igreja "deve ser definida como a liberdade concedida por Cristo à igreja de trabalhar com Ele na consumação de *Sua* missão".[106] E por fim ele diz: "O mesmo compromisso com a mensagem, a missão e a unidade deve caracterizar a vida da igreja".[107]

Veja que, para Rodríguez, qualquer que seja a autoridade exercida pela igreja, ela deve ter como finalidade a sua missão – fazer discípulos por meio da pregação, do ensino e do batismo.

Nesse sentido, precisamos assumir as falhas em alguns pontos importantes da nossa missão junto a adolescentes. Eles têm sido batizados, têm ouvido pregações e têm sido ensinados sobre a Bíblia, mas o foco na missão proposta por Cristo à igreja tem falhado.

Isso me faz recordar do que aprendi com meus pais. Quando estava no final da infância e início da juventude, era comum que, aos sábados à tarde, eu e um de meus primos saíssemos de casa em casa para distribuir folhetos com mensagens a respeito de verdades bíblicas. Eu não tinha condições de explicar profundamente a maior parte daquelas verdades, mas entendia a importância de levá-las às pessoas.

Geralmente, fazíamos isso antes dos encontros de adolescentes na igreja. Era comum nos atrasarmos, mas uma coisa eu lembro: aqueles encontros eram de aprendizado a respeito da Bíblia, mas principalmente de

106 *Idem*. p. 392.
107 *Idem*. p. 395.

entretenimento. Eu e meu primo éramos os únicos praticamente que distribuíamos literatura com o objetivo de viver a missão.

Com o tempo, passei a fazer sozinho porque os entretenimentos se tornaram mais importantes do que a missão, inclusive para o meu primo. Por fim, o hábito de visitar as pessoas para oferecer mensagens cristãs deixou de ser relevante para a igreja que eu frequentava. Hoje, nem sei se ainda existem nas igrejas esse tipo de material para ser distribuído, mas, sem dúvida, se existirem, devem estar guardados em caixas perdidas.

A força de um poderoso exército de jovens tem sido ignorada porque estamos preocupados em ocupá-los com entretenimento em vez de ocupá-los com a missão.

Mas Macsuel, você está sendo simplista! Se colocarmos os adolescentes para serem ativos desse jeito na igreja, acabaremos com uns gatos pingados, e a missão vai morrer!

Certo, pequeno gafanhoto! Mas quem disse que a preocupação precisa ser numérica? O trabalho deve ser feito com aqueles dispostos a isso. Se fizermos a coisa do jeito certo, perceberemos também o quão impactante pode ser o testemunho de adolescentes para outros adolescentes. E vou dar um exemplo recente.

No início de 2025, tive a oportunidade de acompanhar cerca de setenta alunos em um encontro de estudantes que visava implantar missão no coração deles. Teve mensagens bíblicas, momento recreativo, muito louvor, mas principalmente: missão! Os adolescentes que participaram do encontro foram desafiados a entregar livros; os mais velhos lavaram carros; outros fizeram apresentações em semáforos. Tudo com o objetivo de propagar a mensagem de Cristo.

Mas uma coisa muito especial aconteceu durante a programação. Três jovens, que haviam sido alunos de escolas participantes do encontro, contaram o seu testemunho. Uma estava se preparando para ir para fora do Brasil como missionária, e os outros dois já estavam atuando como missionários, um na Espanha e a outra na Indonésia. Sabe o que aconteceu? Diversos alunos meus voltaram decididos a também irem para o campo missionário! Duas dessas alunas foram escolhidas para participar de um encontro de missionários no Chile, ainda em 2025.

Sabe o que é isso? INSPIRAÇÃO! O testemunho dos colegas, atrelado à experiência missionária e ao chamado para a missão, foi suficiente para levar alguns adolescentes daquele grupo que estava inativo a encontrarem um propósito além deles mesmos. Isso é a igreja usando sua autoridade para lidar com a rebeldia da fase adolescente incutindo propósito no coração de adolescentes desmotivados. Isso é o que precisa ser feito.

De todo modo, não posso parar por aqui. Não posso dar a impressão de que apenas grandes eventos e grandes projetos missionários têm o poder de colocar um propósito no coração de adolescentes. Existe uma história que você precisa ler para entender o que propósito significa no contexto adolescente. Mas já adianto: essa história não termina bem!

Eu era professor de ensino religioso em um colégio no Norte do Brasil. No início das aulas, tomei uma decisão meio controversa para poder conhecer os alunos com os quais estava lidando. Perguntei a eles se havia alguém que não acreditava em Deus ou que tivesse uma visão diferente a respeito de Deus. Três deles levantaram a mão. Uma disse ter certeza de que Deus não existia (falarei dela no capítulo 7), outro respondeu que não tinha certeza se Deus existia, e o terceiro afirmou ter dúvidas sobre o caráter de Deus.

Começamos, então, a discutir sobre essas visões e como elas se opunham ao ensinamento bíblico. Foi importante abrir espaço para que eles não se sentissem desvalorizados ou até ignorados em suas dúvidas, por isso parti dessas questões para o nosso conteúdo.

O tempo passou, e o conteúdo foi avançando para a lógica do propósito diante dos problemas. Juntamente ao conteúdo voltado para as profecias bíblicas, consegui abordar as nossas necessidades espirituais. Foi nessa parte que aquele aluno que tinha dúvidas a respeito do caráter de Deus começou a mudar de postura em sala de aula. De questionador-desafiador ele passou a questionador-curioso, e depois a aprendiz. Antes, o foco era criar desafios para mim em sala de aula, depois era tirar dúvidas, mas chegou o momento em que ele passou a perguntar realmente para aprender.

Sabe qual foi o resultado? Com menos de um ano com esses jovens, a visão de espiritualidade deles mudou. Passaram a perceber Deus mais presente, e esse aluno em específico me confidenciou que, além de mudar sua postura em relação à igreja, havia decidido tornar-se médico, com o objetivo de ajudar Deus a lidar com o problema do sofrimento das pessoas.

Mas outra coisa aconteceu. A mãe de outro aluno, da mesma turma, procurou-me em uma ocasião para me contar a respeito de algo que seu filho havia dito. Estavam conversando em família sobre faculdades, e ele respondeu que queria estudar Teologia para se tornar um professor de ensino religioso. Eu quase chorei. Eu havia inspirado alguém, e isso não tem preço.

Mas lembra que eu disse que a história não terminava bem? Pois é, o processo de discipulado que estava acontecendo foi interrompido abruptamente. Precisei mudar de cidade quase às pressas, e isso quebrou o elo de discipulado que estava acontecendo. Aquela mudança me machucou o bastante para me levar à terapia, e acabou machucando os adolescentes também (que só reencontrei dois anos depois).

Acontece que aqueles que precisaram assumir as minhas funções não conseguiram continuar o trabalho. Resultado: o propósito de missão virou um propósito de sobrevivência, e hoje o primeiro aluno está se tornando um advogado. Nada contra advogados, até porque Deus tem usado muitos deles para fazer justiça. Mas perdeu-se o senso de missão que deveria motivar a vida daquele e de outros adolescentes que estavam no processo.

O caso do outro aluno foi ainda mais doloroso para mim. Ele passou a questionar a justiça de Deus pelo que havia acontecido comigo, e sob influência da busca de respostas, mas sem orientação, passou a duvidar de Deus. O processo foi tão complexo que hoje ele está se formando em Biologia, mas completamente distante da ideia de Deus.

Você não tem ideia do quão difícil foi ver que minhas emoções atrapalharam um processo de discipulado que poderia ter acontecido mesmo à distância. Reencontrá-los despertou em mim a necessidade de buscar ajuda, mas principalmente a necessidade de escrever este livro. Eu não quero que histórias como essas se repitam na vida de tantos discipulados incompletos por traumas ou mal-entendidos.

A autoridade estava construída, mas o tempo que eu havia dedicado não foi suficiente para consolidar as crenças e decisões. Eu desisti e falhei quando deveria ter insistido contra tudo e todos.

Você conseguiu entender o papel que podemos, como líderes, exercer na vida de adolescentes próximos a nós? Não é uma questão de dificuldades, é uma questão de oportunidades para fazermos a diferença. Foi nessa turma que uma aluna me perguntou como era possível eu relacionar religião com tudo. Era assim que eu tentava mostrar a eles que era possível ser religioso sem ser chato. Foi com eles que comecei a mostrar que aspectos que filmes e séries abordavam sobre caráter estavam baseados em princípios bíblicos.

A igreja não precisa ser uma vilã para adolescentes se aqueles que trabalham nas igrejas conseguirem se inserir na vida deles sem as pressões de uma religião que funciona na defensiva o tempo todo. Kenda Creasy Dean escreveu que se os "jovens não ouvem linguagem de fé, eles não falam uma".[108] Dean aborda o fato de que pessoas próximas aos adolescentes falam pouco de sua fé e de sua religiosidade e, portanto, perdem influência religiosa no contexto da igreja.

É como se a vida espiritual estivesse separada da vida comum. Por consequência, os adolescentes entendem que a vida real nada tem a ver com a vida espiritual. Transformamos espiritualidade em um departamento, não em um estilo de vida. "Palavras importam para os cristãos não primariamente porque elas expressam nossas ideias ou objetivos, mas porque proclamam nosso amor".[109] Ainda conforme a autora, os adolescentes imaginam um mundo completamente diferente de seus pais a partir de uma linguagem diferente de comunicação,[110] e ela não está falando de idioma. O assunto em questão é o jeito, a forma como lidam com a realidade.

Se queremos impactar a vida dos adolescentes, precisamos compartilhar nossa fé com eles. "Adolescentes aprendem a articular a fé por ouvirem adultos articularem sua própria fé".[111] Assim, a autoridade não é feita de um púlpito, ou de uma chamada de atenção, ou mes-

---

108 DEAN, K. C. *Almost Christian*. Nova York: Oxford University Press, 2010. p. 138.

109 *Idem*. p. 140-141.

110 *Idem*. p. 142.

111 *Idem*. p. 152.

mo de um livro. Autoridade se faz inserindo-se na vida do adolescente. E esse é um desafio que demanda tempo e sabedoria, porque não é fácil inserir a fé no cotidiano adolescente. Mas veremos estratégias para isso no próximo capítulo.

7.

A FÉ NO COTIDIANO ADOLESCENTE

Talvez o maior desafio da vida cristã seja viver em um mundo destituído de Deus enquanto buscamos formas de nos aproximarmos d'Ele. Confesso que essa foi e tem sido uma tarefa difícil para mim também. A estratégia inicial que criei em minha mente para que isso funcionasse foi colocar a minha vida espiritual em primeiro plano e deixar todas as outras coisas de lado nessa rotina. Como você pode imaginar, foi um desastre.

Criar caixinhas da vida, inclusive para a espiritualidade e a fé, é um erro colossal. Quando inconscientemente fiz isso, só conseguia imaginar a minha vida se tudo estivesse relacionado à religião. E antes que você pense que isso é correto, vou te contar o que gerou: EU NÃO TIVE VIDA! Não me entenda mal, mas eu era (e ainda sou um pouco) um cara *muuuuito* chato com religiosidade e fé. Tudo para mim estava relacionado a estar na igreja e discutir sobre a igreja.

CRIAR CAIXINHAS PARA A FÉ É LIMITAR SUA FORÇA – ELA NÃO FOI FEITA PARA MOMENTOS ESPECÍFICOS, MAS PARA TRANSFORMAR A VIDA INTEIRA.

Tudo errado. Vida cristã é ser sal, e sal de mais estraga o sabor de qualquer coisa. Pois é, eu estava estragando. Entendi que para viver isso eu só poderia estudar em uma escola que fosse cristã, meus amigos deveriam ser todos cristãos, meu trabalho deveria ser para o cristianismo (no caso, era ser pastor), meus livros só poderiam ser livros cristãos; enfim, acho que você entendeu. Virei um fanático. Meu apelido, a certa altura, era Maomé, e a única coisa que me irritava era o fato de nem entenderem que Maomé não era cristão! Nossa, seria quase cômico se não fosse trágico.

Até que quebrei a cara mais de uma vez. E uma dessas vezes foi já sendo pastor. Tinha uma igreja com uma juventude inativa e decepcionada com decisões que haviam sido tomadas e que a prejudicou. Tentei me aproximar, mas estava tão equivocado na forma de fazer isso que acabei mais afastando-os do que aproximando. Foi quando decidi estudar mais sobre a graça e percebi, por meio de um livro chamado *Nas asas da graça*, que graça nada tem a ver com fanatismo religioso.

Benedito Muniz, que tive o prazer de conhecer pessoalmente e com quem pude almoçar em minha casa em outra ocasião, escreveu nesse livro algo interessante: "Vida cristã não é uma caminhada para Deus; é uma caminhada com Deus! O cristão não anda em busca de salvação, ele anda na salvação".[112] Ainda segundo o autor, "Deus está conosco na estrada da vida".[113] Ou seja, a vida continua, mas agora transformada pela graça da presença de Deus conosco. Não é uma nova vida porque começou do zero; é uma nova vida porque a vida que

---

112 MUNIZ, B. *Nas asas da graça*. Santo André: Grafsol, 2012. p. 119.

113 *Idem*. p. 120.

você tinha passou a ser reescrita e ressignificada com a presença d'Ele.

O tempo passou e, em certa ocasião, eu estava dando as minhas aulas de ensino religioso e pastoreando o colégio onde trabalhava. Foi quando comecei a notar que os assuntos sobre os quais os alunos conversavam não tinham nada a ver com o que eu estava disposto a fazer. Fui, então, estudar estratégias e ler livros que me ajudassem no processo de mudança de pensamento. Nessas leituras, encontrei pesquisas que mostraram o quanto a igreja estava distanciada da realidade da juventude. Bateu um desespero profundo ao notar que esse distanciamento vinha do fato de querermos que eles se afastassem da vida que tinham para viver o evangelho, e não inserirmos o evangelho para que ele transformasse a vida dos adolescentes.

Decidi agir diferente. Foi nesse momento que comecei a elaborar aulas a partir do que os alunos conheciam para o que eles precisavam conhecer. O evangelho deixou de ser uma teoria sobre servir a Deus e virou um propósito de vida que transformaria o jeito de viver de cada um daqueles alunos.

As aulas se tornaram fenomenais. Lembro de uma ocasião em que os filmes da Marvel e as séries da DC estavam em alta (se você não sabe do que estou falando, deveria conhecer pelo menos um pouco, porque os adolescentes sabem muito bem do que estou falando aqui). Parei um dia no meio da aula porque o assunto deles era um dos filmes novos que havia sido lançado. Não tinha como dar uma aula sobre Jesus com eles discutindo sobre Capitão América, Thor, Hulk, Homem de Ferro e todos os outros heróis de Vingadores.

Aquela turma de 7° ano tomou um susto quando interrompi a aula. Acharam que eu ia brigar com eles (o que seria até normal, nesse caso), mas, em vez disso, eu comecei a explicar o que havia aprendido sobre o bem e o mal em filmes, séries e quadrinhos desses heróis. Comecei a mostrar para eles que essas histórias sempre equilibram o bem e o mal apresentando-os como lados opostos de uma mesma força (à semelhança do que acontece com "A Força", em *Star Wars*). Passei a mostrar os riscos de enxergar assim na vida real e o quanto eles não conseguiam perceber a beleza da dignidade de Cristo (uma pessoa real) por admirarem apenas a dignidade do Capitão América.

Sabe o que aconteceu? Os alunos prestaram completa atenção enquanto eu rabiscava o quadro para explicar todos esses elementos. Uns anos depois, quando reencontrei uma aluna dessa turma, ela me disse: "Nunca mais esqueci daquela aula". Eu não fui um gênio. Deus só me deu sabedoria para relacionar o conteúdo que precisava apresentar com a vida real daqueles adolescentes. Mas Deus me deu a graça de conseguir fazer bem mais do que isso na vida deles, em especial na de uma aluna, que já citei no capítulo anterior.

Ela não acreditava em Deus e não se importava em querer acreditar. Era um assunto que para ela não fazia diferença. Mas sua curiosidade era grande. Ela queria entender como era possível que um adulto inteligente acreditasse em tanta baboseira. Até uma fatídica aula e um episódio que lhe aconteceu dias depois.

Eu tinha duas aulas seguidas, e nosso assunto eram as profecias bíblicas, com ênfase na volta de Jesus. Foi a melhor aula que já dei na minha vida. Eu sentia arrepios a cada frase e via os olhos dos alunos brilharem ao falarmos da esperança que existe na promessa da volta de Jesus. Quando entramos na temática da demora, apresentei o Jesus que intercede por nós junto ao Pai, como nosso advogado em um ministério completo elucidado no santuário terrestre que era sombra do santuário celestial. A essa altura a aula acabou, e a professora de língua portuguesa estava na porta. Pedi-lhe permissão para continuar a aula, ela aceitou e perguntou se poderia assistir também. Aí foi "Eita!" atrás de "Vixe!".

A professora, que tinha duas aulas, ficou só com uma naquele dia. Mas virou assunto de semanas o que eles haviam aprendido naquelas duas horas e dez minutos. Para mim foi uma aula incrível, mas eu não sabia que se tornaria algo muito maior.

Algumas semanas depois, a escola fez uma cantata em um dos shoppings da cidade. Os alunos daquela turma ficaram responsáveis por uma atividade ao final da cantata, por isso apareceram em peso. Quando a cantata terminou, sentei-me na arquibancada montada para o coral. Rapidamente, os alunos daquela turma começaram a chegar em volta de mim e a comentar coisas aleatórias. Até que aquela aluna que começou as aulas pediu para me contar algo que havia acontecido com ela. Imediatamente, perguntei se precisava ser a sós, e ela disse que não, os outros poderiam ouvir. Aí veio a pancada. Ela começou dizendo:

— Professor, esta semana eu orei pela primeira vez. Tomei um susto!

— Como assim? Mas você nem acreditava em Deus!

— Pois é, deixa eu contar o que aconteceu. Estava sozinha em casa e me bateu um medo muito forte de que algo de ruim pudesse acontecer. Acendi as luzes todas esperando que a iluminação me desse segurança, mas nada mudou. Fui lavar a louça enquanto minha família não chegava, e a sensação era de que tinha alguém me olhando. Então me lembrei daquela aula sua, quando você disse que Jesus está cuidando de nós enquanto não volta. Nesse momento, fechei os olhos e disse para ele: "Se o Senhor existe, do jeito que meu professor falou para mim, faz esse medo sumir?". Quando abri os olhos, todo aquele pavor tinha sumido, e agora eu tenho certeza de que Ele existe e ouviu a minha oração!

Eu nem me lembro do que disse a ela, mas essa história de uma oração simples, respondida de forma simples, marcou-me tanto que, anos depois, estou aqui, contando-a para você.

Tenho orado e pensado muito naquela turma ultimamente. Não de maneira negativa ou nostálgica. Tenho pensado apenas em como eles devem estar na jornada de fé que estavam construindo. Alguns eu sei que não estão nada bem, mas outros têm lutado para seguir ao lado de Deus, enquanto de outros eu não tenho mais notícias. A semente foi plantada, mas se ela deu frutos ou ainda dará, eu não sei.

Aquela turma me fez entender que a fé deveria agir como sal na vida deles, temperando aquilo que está sem o devido sabor. Esse é o desafio do desenvolvimento da fé para um adolescente. E digo mais: se formos sábios o bastante e cheios do Espírito Santo o bastante para desempenharmos essa tarefa, teremos adultos muito mais maduros espiritualmente do que aqueles que têm se apresentado em nossas igrejas. Convenhamos que muitos adultos não têm conseguido viver uma vida espiritualmente orientada sem fanatismo religioso. Boa parte dos que se encontram sentados nos bancos de nossas igrejas se dividem entre aqueles que transformaram sua fé em uma caixinha acessada em momentos de culto e outros que não têm vida dissociada da igreja e se consideram mais espirituais por isso. Ambos são imaturos espiritualmente.

A FÉ QUE APENAS SENTE É SUPERFICIAL; A FÉ QUE TRANSFORMA É AQUELA QUE GUIA ESCOLHAS, MOLDA CARÁTER E SE REFLETE EM AÇÕES.

Não estou inventando nada disso. Em *The day America told the truth*, os autores mostraram que cidadãos estadunidenses, quando perguntados sobre aquilo que veem como certo ou errado, não buscavam respostas em "Deus ou em sua religião para ajudá-los a respeito de questões importantes ou morais do cotidiano",[114] apesar de se declararem cristãos. Os dados chegam a ser assustadores. Por exemplo: 64% das pessoas responderam que sua religião não influencia sua visão sobre pena de morte, e 57% nem sabem o posicionamento de sua igreja a respeito desse assunto; já 56% disseram que sua religião não influencia sua visão a respeito do aborto, e 52% não sabem o posicionamento de sua igreja; sobre homossexualidade, os números foram 55% e 52%, na mesma ordem das categorias anteriores; no caso de ensino do criacionismo nas escolas, também 55% e 52%; pornografia, 54% e 41%; sexo antes do casamento, 53% e 43%; racismo, 48% e 43%. Por último, vou colocar aqui o divórcio, cujos números foram 43% e 37% (lembrando que o primeiro refere-se à influência religiosa na visão, e o segundo é sobre conhecer o posicionamento de sua igreja). E estamos falando de um universo de 90% de cristãos!

Para esse número assustador de pessoas, a vida cristã não tem feito diferença prática. As decisões são tomadas independentemente da perspectiva religiosa. E é triste pensar que, apesar de a pesquisa ter sido feita nos Estados Unidos, é muito possível que os dados sejam ainda piores em outros lugares do mundo, como o Brasil, por exemplo.

Ok. Entendi que a vida espiritual precisa fazer parte do nosso dia a dia sem nos tornar fanáticos. Mas como faço isso?

---

114 PATTERSON, J.; KIM, P. *The day America told the truth*: what people really believe about everything that really matters. Nova York: Prentice Hall Press, 1991. p. 199.

É provável que a melhor forma de lidar com essa dúvida seja pensar nos diferentes ambientes da vida de um adolescente: casa, escola, igreja, amigos e, no caso dos mais velhos, trabalho. Em cada ambiente, a fé pode exercer uma influência distinta, mas sempre baseada em um princípio sobre o qual já conversamos anteriormente: o caráter. Então, precisamos discutir o caráter cristão antes de avançar para a discussão dos ambientes.

Ao mencionarmos caráter cristão, estamos nos referindo a princípios de vida que determinam o comportamento de um crente. E a base para esses princípios está claramente exposta em Gálatas 5:22-23: "Mas o fruto do Espírito é: amor, alegria, paz, longanimidade, benignidade, bondade, fidelidade, mansidão, domínio próprio". Perceba que, mais do que comportamentos corretos, o texto descreve a identidade de um indivíduo.

Quando falamos de vida cristã, imediatamente a maioria das pessoas pensam em ações evitadas ou promovidas, mas Paulo, em Gálatas, apresenta a ideia de que a vida está associada a quem somos e não ao que fazemos. Afinal, podemos fazer sem ser; mas se formos, então faremos. Meio frase de efeito, eu sei, mas é exatamente isso. Quem é faz, quem faz pode estar só fingindo ser.

Portanto, nosso desafio está em termos o nosso caráter moldado pela vontade de Deus para que todas as nossas ações sejam direcionadas por um caráter moldado por Deus. Assim, teremos condições de analisar nossos comportamentos para saber se estão ou não de acordo com esse direcionamento divino em cada área onde atuamos, ou onde os adolescentes atuam.

CASA

Eu não poderia começar a falar de ambientes onde a fé deve fazer a diferença por outro lugar senão o lar. E é possível que seja o mais complicado. O lar, o ambiente da família, costuma ser o lugar onde a maioria das nossas máscaras caem e as pessoas que mais convivem conosco durante a vida conseguem enxergar cada pedacinho defeituoso de nosso caráter.

Há uma máxima que diz: "Você pode enganar alguns todo o tempo, e todos por algum tempo, mas você não pode enganar todas as pessoas por todo o tempo". Este é o desafio da família: lidar com todos o tempo todo.

Trata-se de uma verdade tão grande que o apóstolo Paulo diz que um líder de igreja só estaria pronto para liderar se, entre outras coisas, "[governasse] bem a própria casa, criando os filhos sob disciplina, com todo o respeito" (I Timóteo 3:4). E ele complementa: "pois, se alguém não sabe governar a própria casa, como cuidará da igreja de Deus?" (I Timóteo 3:5). Para Paulo, portanto, o princípio da administração é o lar, e podemos aplicar a mesma ideia à vivência da fé. De que adianta tentar viver a fé em diferentes ambientes se, com aqueles que deveriam ser os mais próximos a nós, simplesmente ignoramos o impacto positivo que a fé precisa ter?

Uma das práticas mais essenciais no contexto do lar é a oração em família. Reservar um momento diário para orar juntos, compartilhar os desafios e expressar gratidão pelas bênçãos fortalece os laços familiares e estabelece um ambiente de confiança e intimidade com Deus. Ademais, a leitura bíblica em conjunto, com espaço para perguntas e discussões, auxilia o adolescente a compreender a palavra de Deus e a aplicá-la em sua própria vida.

Outra prática de grande valia é o serviço ao próximo. Estimular o adolescente a engajar-se em ações solidárias, seja auxiliando um vizinho, participando de um projeto social ou realizando tarefas domésticas com amor e dedicação, ensina-o a importância de colocar a fé em ação e vivenciar o amor de Cristo. O diálogo aberto e honesto sobre questões de fé também se mostra vital. Os pais devem estar dispostos a escutar as dúvidas e os questionamentos do adolescente, oferecendo respostas sinceras e apoio emocional.

Por fim, é crucial lembrar que o exemplo dos pais ecoa mais forte do que qualquer discurso. Os adolescentes aprendem significativamente ao observarem a maneira como seus pais vivenciam a fé no dia a dia, como enfrentam os desafios, como praticam o perdão e como demonstram amor. Portanto, cultivar um ambiente de

A MAIOR INFLUÊNCIA NÃO ESTÁ EM DISCURSOS SOBRE FÉ, MAS NO EXEMPLO DE UMA VIDA QUE A PRATICA DIARIAMENTE.

amor, respeito, perdão e fé no lar constitui o maior legado que se pode transmitir a um adolescente.

ESCOLA

A escola, para muitos adolescentes, representa um microcosmo da sociedade, com suas próprias dinâmicas, desafios e pressões. Nesse ambiente, a fé pode se tornar uma âncora, oferecendo um senso de identidade e propósito em meio à turbulência da adolescência. No entanto, a prática da fé na escola muitas vezes enfrenta obstáculos únicos, principalmente devido à influência da pressão do grupo.

A pressão do grupo pode levar os adolescentes a questionarem suas crenças e a se afastarem de suas práticas religiosas. Como Leo Fraiman observa, em *Meu filho chegou à adolescência, e agora?*, nessa fase definimos "em que valores acreditamos" e se "continuamos com a religião de nossos pais ou a abandonamos".[115] O desejo de pertencimento e aceitação pode criar um conflito interno entre a fé e a necessidade de se encaixar no grupo.

Diante desse cenário, é crucial que os adolescentes encontrem maneiras de vivenciar sua fé de forma autêntica e relevante no ambiente escolar. A seguir, veja algumas alternativas.

115 FRAIMAN, L. *op. cit.* p. 25-26.

1. Participar de grupos de estudo bíblico: imagine um grupo de alunos que se reúnem durante o intervalo do almoço ou após as aulas para discutir passagens bíblicas, compartilhar suas dúvidas e orar juntos. Esse grupo pode oferecer um espaço seguro para que os adolescentes fortaleçam sua fé e encontrem apoio em outros colegas que compartilham de seus valores. Por exemplo, eles podem estudar juntos o livro de Provérbios, buscando sabedoria para lidar com as situações do dia a dia na escola.
2. Compartilhar suas experiências com colegas que pensam da mesma forma: isso não significa pregar ou impor suas crenças aos outros, mas sim estar aberto a conversar sobre sua fé quando surgir a oportunidade. Por exemplo, um adolescente pode compartilhar como a oração o ajudou a superar a ansiedade antes de uma prova difícil ou como se sentiu fortalecido ao perdoar um colega que o magoou. Essas conversas podem inspirar outros e criar conexões genuínas.
3. Defender seus valores quando confrontados com situações desafiadoras: a escola pode apresentar dilemas éticos e morais, como *bullying*, fofocas ou pressões para se envolver em comportamentos de risco. Defender seus valores significa tomar uma posição firme contra essas atitudes, mesmo que isso signifique ir contra a maioria. Por exemplo, um adolescente pode denunciar um caso de *bullying* ou se recusar a participar de uma fofoca

sobre um colega, demonstrando que sua fé o guia a agir com justiça e compaixão.

A fé, portanto, é um instrumento de apoio e orientação em situações difíceis ou, até mesmo, em situações cotidianas. A efetividade desse apoio se dará à medida que a fé for mais presente na vida do adolescente (e de qualquer pessoa que a tenha como base em sua vida).

QUANDO A FÉ SE TORNA PARTE DO COTIDIANO, DEIXA DE SER UMA OBRIGAÇÃO E PASSA A SER UMA RESPOSTA NATURAL À VIDA.

Além disso, é importante que os adolescentes compreendam que a fé não precisa ser algo isolado ou restrito ao ambiente religioso. Ela pode permear todas as áreas da vida, influenciando decisões, relacionamentos e atitudes na escola. Ao praticarem a empatia, o respeito e a integridade, os adolescentes podem testemunhar sua fé de maneira prática, demonstrando que é possível ser fiel a seus princípios sem se isolar ou julgar os outros.

IGREJA

A igreja desempenha um papel fundamental na vida do adolescente, oferecendo um espaço de pertencimento, aprendizado e crescimento espiritual. É nesse ambiente que ele pode desenvolver relacionamentos saudáveis com outros jovens e adultos que compartilham da mesma fé, fortalecendo sua identidade e seu senso de propósito. No entanto, para que a igreja exerça uma influência positiva, é essencial que ela seja um lugar de acolhimento, compreensão e relevância para a realidade do adolescente.

Uma das práticas mais importantes nesse contexto é o discipulado. Através do discipulado, o adolescente tem a oportunidade de ser acompanhado por um mentor mais experiente na fé, que o orienta, encoraja e desafia a crescer em seu relacionamento com Deus. Esse acompanhamento individualizado ou em pequenos grupos permite que o adolescente se sinta valorizado, ouvido e compreendido em seus questionamentos.

Além do discipulado, a participação ativa nos ministérios e nas atividades da igreja é crucial para o desenvolvimento da fé do adolescente. Ao servir em áreas como música, evangelismo, ação social ou liderança de jovens, ele descobre seus dons e talentos, sente-se útil e contribui para o propósito da comunidade. Essa participação também proporciona oportunidades de aprendizado, desenvolvimento de habilidades e amadurecimento espiritual.

Por fim, a igreja deve ser um lugar onde a palavra de Deus é ensinada de forma relevante e prática, conectando-se com os desafios e as questões que o adolescente enfrenta em seu dia a dia. Os líderes e educadores da igreja precisam estar dispostos a dialogar com os adolescentes e jovens, a ouvir suas opiniões e a apresentar a fé cristã como algo vivo e transformador, capaz de impactar todas as áreas da vida.

AMIGOS

A adolescência, como bem sabemos, é um período em que a busca por aceitação e pertencimento atinge o ápice, e os amigos se tornam figuras centrais. Nesse contexto, a fé pode atuar como um elo poderoso, fornecendo valores como lealdade, respeito e compaixão, que são essenciais para construir amizades saudáveis e duradouras. Contudo, é importante reconhecer que a influência dos amigos também pode se tornar um desafio para a vivência da fé, principalmente quando os valores do grupo divergem dos princípios religiosos do adolescente.

Nesse sentido, torna-se crucial que o adolescente desenvolva a capacidade de discernir quais amizades o fortalecem em sua fé e quais o afastam desse caminho. Isso implica buscar ativamente a companhia de amigos que compartilham de sua visão de mundo, que o incentivam em sua jornada espiritual e que o desafiam a crescer em sua fé. Simultaneamente, é fundamental que o adolescente aprenda a expressar sua fé de forma autêntica e coerente, mesmo diante da pressão do grupo, demonstrando respeito pelas diferenças e defendendo seus valores com convicção.

Em última análise, a fé tem o potencial de enriquecer profundamente os relacionamentos amistosos, criando um espaço para compartilhar experiências espirituais, orar juntos e oferecer apoio mútuo nos momentos de dificuldade. Ao experimentar a fé em comunidade com seus amigos, o adolescente não apenas fortalece sua própria identidade e aprofunda seu relacionamento com Deus, mas também descobre a força transformadora do amor e da aceitação incondicional.

TRABALHO

Para muitos adolescentes, especialmente aqueles que se aproximam do final dessa fase, o trabalho se torna uma realidade. Seja um emprego de meio período para ganhar experiência ou um estágio para complementar os estudos, o ambiente profissional apresenta um novo conjunto de desafios para a prática da fé. Nesse contexto, o adolescente precisa aprender a integrar seus valores espirituais em um espaço que muitas vezes pode ser secular e competitivo.

Um dos principais desafios é manter a integridade e a ética no trabalho. O ambiente profissional pode apresentar situações em que a desonestidade, a fofoca ou a busca por vantagens pessoais parecem ser o caminho mais fácil. No entanto, o adolescente que busca viver sua fé deve se destacar por sua honestidade, sua transparência e seu respeito pelos colegas e superiores. Por exemplo, recusar-se a participar de conversas que difamam outros funcionários ou ser proativo em resolver conflitos pacificamente são maneiras de demonstrar seus valores cristãos.

Além disso, o adolescente pode encontrar oportunidades para testemunhar sua fé através de atitudes e comportamentos. O modo como ele lida com o estresse, a pressão e os desafios do trabalho pode ser um reflexo de sua confiança em Deus. Ser paciente, prestativo e ter uma postura positiva mesmo diante de situações difíceis, pode inspirar seus colegas e abrir portas para compartilhar sua fé de maneira natural e respeitosa. Por exemplo, oferecer ajuda a um colega sobrecarregado ou demonstrar gratidão pelas oportunidades de aprendizado são formas de expressar sua fé no ambiente de trabalho.

Em última análise, o trabalho pode se tornar um campo missionário para o adolescente, onde ele tem a oportunidade de influenciar positivamente aqueles ao seu redor. Ao viver sua fé de maneira autêntica e relevante, ele pode quebrar estereótipos e mostrar que é possível ser um profissional competente e bem-sucedido sem abrir mão de seus valores espirituais. É um desafio, sem dúvidas, mas também uma grande oportunidade de crescimento e testemunho.

NÃO BASTA DIZER QUE ACREDITA EM DEUS - É PRECISO VIVER DE FORMA QUE ESSA CRENÇA FAÇA DIFERENÇA NA REALIDADE AO SEU REDOR.

REDES SOCIAIS

O último ambiente que eu gostaria de abordar é o das redes sociais. Para alguns líderes, talvez seja estranho pensar nas redes sociais como um ambiente, mas essa é a realidade. Inclusive, atualmente é um dos ambientes onde os adolescentes mais estão integrados em seu dia a dia.

No início de 2025, entrou em vigor no Brasil a Lei n. 15.100,[116] que restringe o uso dos celulares em ambientes escolares, com o objetivo oficial de reduzir a influência da virtualidade no meio acadêmico. Podemos até questionar essa lei, mas ela apenas indica que as redes sociais são uma realidade na vida do adolescente. Os jovens hoje navegam entre sua identidade "real" e suas personas online, representadas por avatares digitais. Assim como em *Matrix*,[117] filme em que os personagens precisam discernir entre a realidade simulada e o mundo verdadeiro, os adolescentes enfrentam o desafio de discernir o que é autêntico e o que é apenas uma projeção nas redes sociais. Mas em vez de se perderem nessa "Matrix digital", como podem praticar sua fé ativamente?

Primeiramente, é fundamental que os adolescentes usem as redes sociais como ferramentas para compartilhar sua fé de forma criativa e relevante. Isso pode envolver postar versículos bíblicos com reflexões pessoais, criar conteúdo inspirador (vídeos, imagens, músicas) que expresse seus valores cristãos ou participar de grupos e comunidades online que promovam o crescimento espiritual. Por exemplo, um

---

116 BRASIL. *Lei nº 15.100, de 13 de janeiro de 2025*. Dispõe sobre a utilização, por estudantes, de aparelhos eletrônicos portáteis pessoais nos estabelecimentos públicos e privados de ensino da educação básica. Disponível em: https://www.planalto.gov.br/ccivil_03/_ato2023-2026/2025/lei/l15100.htm. Acesso em: 27 maio 2025.

117 MATRIX. Direção: Lana Wachowski, Lilly Wachowski. EUA: Village Roadshow Pictures, Groucho II Film Partnership e Silver Pictures, 1999. Vídeo (135 min). Disponível em: https://www.primevideo.com/dp/amzn1.dv.gti.dea9f6b7-e0a0-38c9-7467-d6079c6fb4f0?autoplay=0&ref_=atv_cf_strg_wb. Acesso em: 27 maio 2025.

adolescente com talento para a música pode usar o Instagram para compartilhar covers de músicas gospel ou criar suas próprias composições sobre a fé.

Além disso, os adolescentes podem usar as redes sociais para edificar e encorajar outros. Em vez de se envolverem em fofocas ou discussões negativas, podem optar por postar mensagens de apoio, orar por amigos que estejam passando por dificuldades ou oferecer palavras de sabedoria e conselho baseados em princípios bíblicos. Por exemplo, se um amigo estiver enfrentando problemas familiares, um adolescente pode enviar uma mensagem de texto com um versículo de conforto e se oferecer para orar por ele.

Por fim, é crucial que os adolescentes desenvolvam discernimento e sabedoria ao interagirem nas redes sociais. Isso significa ser seletivo com o conteúdo, evitar comparações e inveja, e estar ciente dos perigos da exposição excessiva e da busca por validação online. Eles podem estabelecer limites saudáveis para o uso das redes sociais, priorizando o tempo para o relacionamento com Deus, a família e os amigos "reais". Também podem usar as ferramentas de denúncia e bloqueio para se protegerem de conteúdo prejudicial ou de pessoas que os assediam ou os desrespeitam.

Em resumo, as redes sociais oferecem um campo vasto para a prática da fé na adolescência, desde que os jovens as utilizem de forma consciente, intencional e alinhada com seus valores. Em vez de se deixarem levar pela ilusão dos avatares digitais, eles podem aproveitar as plataformas para glorificar a Deus, edificar o próximo e viver sua fé autenticamente no mundo digital.

Essa ideia dúbia em relação ao papel das redes sociais foi expressa na pesquisa com os adolescentes. Uma das perguntas era exatamente sobre as redes sociais ajudarem ou atrapalharem no desenvolvimento da fé. E boa parte deles (44%) afirmou que elas podem tanto ajudar quanto atrapalhar, a depender da forma como são usadas. Alguns até apontaram que seguir as pessoas certas nas redes é o que faz a diferença.

Duas outras colocações foram importantes na pesquisa para caminharmos em direção ao fechamento deste capítulo. A adolescente A, que citamos em outros capítulos, externou a falta que sentiu de Deus em suas rotinas. Mas a adolescente G foi em uma direção diferente. Veja o seu relato.

> *Sobre falar de fé, não tenho como citar outra coisa a não ser as missões que Deus tem me enviado, principalmente à África. Desde os meus 11 anos, vi meu pai se apaixonar por missões, e por todos os cantos dessa terra, e meu coração também se apaixonou e passou a queimar por isso. Sempre falei muito com Deus, e Ele me levou para vários lugares, como o sertão brasileiro e o Paraguai. Mas uma coisa que sempre queimava de doer no meu coração era o continente africano. Uma vez, meu líder da missão disse que muitas vezes falamos que queremos ir para a África, que*

queremos ir para o mundo levando o evangelho, mas nem passaporte temos, e depois disso eu percebi que precisaria ter um passo de fé, como o passaporte, para que Deus me enviasse. Quando eu tirei o passaporte, eu vi a mão de Deus sobre minha vida, e sobre essa promessa que Ele havia me entregado. Durante um ano eu vendi bijuterias, ganhei ofertas e passei por diversas provas de fé. Quando as passagens praticamente triplicaram o valor, minha fé esteve como um grãozinho de mostarda, mas o Senhor me presenteou com todo o valor que eu ainda não tinha para a passagem, e fez aquela sementinha crescer. Quando eu não tive o meu certificado de vacina aprovado alguns dias antes da viagem, eu me vi com a fé da sementinha de novo, mas o Senhor novamente me surpreendeu! Ele cumpriu os propósitos e me mostrou em quem eu posso confiar, porque, se Ele disse, basta só um passo de fé para que seja cumprido!

Percebeu a diferença? Ela conseguiu notar Deus em cada detalhe. Esse é o segredo. Esperar grandes coisas para crermos nos impedirá de vermos milagres nas pequenas coisas. É aí que o impacto da fé cotidiana de um adolescente poderá transformar toda uma realidade espiritual debilitada em uma realidade fortalecida pela presença de Deus.

ESPERAR GRANDES MILAGRES PODE NOS FAZER IGNORAR OS PEQUENOS SINAIS DE DEUS EM NOSSO DIA A DIA.

Ao longo deste capítulo, exploramos a necessidade de uma fé que transcende os muros da igreja e se torna parte do cotidiano do adolescente. Vimos que a fé não é um acessório que usamos em momentos específicos, mas sim um estilo de vida que permeia todas as áreas da existência. Desde o ambiente familiar até o desafio das redes sociais, a fé tem o potencial de moldar o caráter, guiar as decisões e oferecer um senso de propósito em meio às incertezas da adolescência.

É importante ressaltar que essa integração da fé não acontece da noite para o dia. É um processo contínuo de aprendizado, experimentação e amadurecimento. Os adolescentes precisam ser encorajados a buscar uma fé autêntica, que não se baseie em regras vazias ou tradições superficiais, mas em um relacionamento genuíno com Deus. E nós, como pais, educadores e líderes, temos a responsabilidade de oferecer o apoio, a orientação e o exemplo necessários para que eles possam trilhar esse caminho com confiança e esperança.

Que este capítulo sirva como um convite à reflexão e à ação. Que possamos desafiar os adolescentes a viverem sua fé de forma prática e relevante, em todos os contextos da vida. E que, ao fazê-lo, possamos testemunhar o poder transformador do evangelho também na vida daqueles que os cercam.

8.

ORIENTAÇÕES PARA DISCIPULADORES

Depois de tudo o que vimos até aqui, espero que sua visão a respeito da fé no contexto adolescente tenha sido aprimorada. E para fortalecer essa ideia, gostaria de deixar algumas orientações importantes especificamente para aqueles que lidam com adolescentes.

Caso você seja adolescente, talvez até queira pular este capítulo, mas eu gostaria de desafiá-lo a não fazer isso. Seria muito importante que você pudesse juntar as orientações deste capítulo e encaminhá-las ou mesmo recomendar esta parte para seus líderes religiosos, pais, professores, enfim, pessoas que podem ser instrumentos de apoio no fortalecimento de sua fé.

Se você é um desse líderes que recebeu essa recomendação, quero lhe dizer uma coisa antes das orientações: valorize o adolescente que recomendou este capítulo ou livro. Ele está querendo crescer na fé e confia em você para ajudá-lo nessa tarefa. Não o desaponte!

Vamos começar? Esta lista não é por ordem de importância, porque todos os itens são relevantes.

1. CONHEÇA O SEU ADOLESCENTE

Ele ou ela não é um número ou uma estatística, é uma pessoa com nome, endereço, história de vida, família, traumas e sonhos. Então não generalize a adolescência, apesar das eventuais semelhanças. Você pode estar observando um adolescente problemático que, no fundo, não passa de um adolescente frustrado com necessidades não atendidas.

LIDERAR ADOLESCENTES NÃO É UMA QUESTÃO DE CONTROLE, MAS DE INFLUÊNCIA - E INFLUÊNCIA SÓ SE CONQUISTA COM PROXIMIDADE E AUTENTICIDADE.

Quer uma dica? Converse com ele ou ela sobre assuntos que você não está acostumado a conversar. Assista a vídeos, podcasts, leia artigos sobre temas relevantes para eles; e, quando você for questionado ou se questionar sobre a relevância de conhecer um pouco de coisas que são quase inúteis para adultos, lembre-se de que não são inúteis para os jovens. Lembre-se de que você precisa entrar no mundo atual da adolescência para poder ajudá-los no processo de fortalecimento da fé.

2. CONHEÇA-SE

Por experiência própria, recomendo terapia se isso for um problema para você. Se você não souber exatamente quais são os seus potenciais e os seus limites, pode se equivocar e fechar portas que talvez nunca mais sejam abertas para você e dificilmente abertas para outros.

NÃO ADIANTA FALAR SOBRE FÉ SE NÃO VIVEMOS AQUILO QUE ENSINAMOS - O EXEMPLO SEMPRE SERÁ MAIS FORTE QUE QUALQUER DISCURSO.

Quando um adolescente o procura para pedir ajuda e não encontra em você alguém capaz de ajudar, sua liderança e influência sobre ele acaba! Daí a importância de conhecer-se para lidar primeiro com suas próprias dificuldades e, então, poder auxiliar essa turma tão carente de boas referências. E, nesse caso, se você é procurado, isso significa que ainda é visto como uma boa referência, algo que deve ser mantido.

3. SEJA VOCÊ MESMO

Tem muito adulto tentando fingir ser o que não é para liderar adolescentes. Não faça isso! Eles percebem quando a pessoa está forçando a barra. Alguns líderes de adolescentes tentam agir como adolescentes para se enturmar, o que acaba sendo bastante ridículo. Se você for extrovertido, tudo bem! Só não tente ser o que você não é.

Se sua liderança tem sido reconhecida pelos adolescentes, não é porque você é como eles; é porque estão buscando em você um apoio para fortalecer quem eles são. Você até pode ser um amigo, mas não será como o melhor amigo da mesma idade deles.

4. NÃO TENHA MEDO

Adolescentes não são vilões, são pessoas. E pessoas podem ser boas ou ruins; podem ser amigas ou antagonistas, mas no fim são só pessoas. Se você conseguir entender isso, poderá enfrentar as dúvidas com tranquilidade, aconselhar com sabedoria e sem perder a identificação que eles podem ter com você.

A PACIÊNCIA NÃO É UMA SUGESTÃO AO LIDAR COM ADOLESCENTES - É UM REQUISITO ESSENCIAL PARA SER UM BOM MENTOR.

Se você tiver medo de lidar com os adolescentes, acredite: eles vão perceber, e o resultado será desastroso. Eles vão ignorar você, fugir de você ou fazer de tudo para pisar em você.

5. ESTUDE

Já quero começar esse ponto parabenizando-o por estar lendo este material. Isso mostra que há uma preocupação sua em conhecer mais sobre esse universo que já foi sua casa no passado, mas passou por muitas reformas até chegar aqui. E essas reformas possivelmente o colocam bem distante da experiência que os adolescentes têm hoje.

Estude sobre adolescência, estude com adolescentes, atualize-se em relação aos gostos dessa galera. Não precisam ser os seus gostos, mas você precisa conhecer o básico do que interessa para eles. Para ajudar, vou deixar um apêndice só com textos bíblicos e sugestões de livros e artigos. Isso será útil inclusive no item 4.

6. NÃO FALE BESTEIRA

Aqui não me refiro apenas ao seu linguajar, mas, principalmente, a não falar as coisas sem ter certeza. É muito mais nobre você dizer que não sabe e vai procurar uma resposta do que afirmar algo que o adolescente possa jogar na sua cara como sendo uma mentira.

Por medo, muitas vezes achamos que precisamos ser os donos da verdade ao aconselhar adolescentes. Não somos! Estamos em construção como eles e somos diferentes deles, mas não melhores. Se precisar, peça tempo, diga que precisa estudar melhor o assunto, ou, no mínimo, diga como você entende, mas assuma que seu conhecimento ainda não é suficiente para aprofundar-se melhor.

7. LEVE JESUS A SÉRIO

Não brinque quando o assunto for a vida espiritual. Se você brincar com isso, eles vão entender que esse não é um assunto sério para você. E calma, não significa que você não possa ser divertido, mas Jesus não pode ser uma piada. Ele precisa ser um amigo para todos os momentos, mas principalmente um amigo que você respeita muito.

Acho que essas sete orientações básicas podem ajudar na sua jornada de liderança com adolescentes. Mas se você notar, a essência delas está em você ser um bom exemplo. Eles precisam e muitas vezes querem alguém em quem se espelhar. Se não for você, poderá ser alguém que dê um péssimo exemplo – e imagino não ser esse o seu desejo.

Agora, gostaria de encerrar este capítulo com algumas dicas que adolescentes compartilharam comigo. Perguntei a eles que conselho dariam para quem quer fazer um bom trabalho com adolescentes. As respostas foram variadas, mas muito interessantes.

SE QUEREMOS SER CRISTÃOS CONSISTENTES, PRECISAMOS PRIMEIRO SER CRISTÃOS QUE ELES POSSAM ADMIRAR.

- "Ler as pessoas e, se perceber alguém que não parece muito bem, chamar para conversar. Talvez você não consiga ajudar, mas vai ser ponto se a pessoa confiar suas dificuldades a você."
- "Escute as pessoas com paciência, cuide com o que fala, observe mais as pessoas ao seu redor."
- "Ser mais calmo e paciente, mesmo com os adolescentes mal-educados com os quais você trabalha; um dia sua bondade volta."
- "Meu conselho seria: se concentrar mais na vida, na fé, do que em coisas mundanas."
- "Tentar lembrar que os outros adolescentes também são seres humanos e que ninguém sabe o que eles passam em casa, no trabalho, se eles querem desistir de tudo."
- "Entender a cabeça dos adolescentes."
- "Conversar sempre com os adolescentes sobre como está a vida e dar conselhos."
- "Buscar ver por outros pontos de vista. Falando do meu caso, tentar tirar a máscara que o aluno cria para se defender e não sofrer novamente com erros que tem medo de cometer. Tentar entender como o adolescente chegou a esse estado. Ou fazer uma faculdade de psicologia."
- "Ser mais extrovertido, descontraído; isso ajuda muito."
- "Ser uma boa pessoa, ser alguém que escute quando eles precisarem e, principalmente, ter Jesus Cristo em sua vida, sendo tudo que Ele pedir. Ser como Ele."

- *"Buscar entender os pensamentos de cada adolescente. [...] Entendendo melhor o que cada um vive e criando confiança entre eles, seria uma boa ideia."*
- *"Eu recomendaria paciência, principalmente. Afinal, é uma fase bastante complicada. A maior parte de nós acha que sabe de tudo, que sabe se virar sozinho etc. Mas em geral não é arrogância, é só ignorância mesmo. Talvez alcançar algumas pessoas seja um pouco mais difícil, mas, por mais fechada que uma pessoa seja, ela não é diferente. Todos nós precisamos do acolhimento necessário durante essa parte da vida (talvez nem todos tenham recebido isso em casa). Claro que eu não me refiro à tolerância a certos comportamentos. Uma pessoa que gosta de ficar bagunçando ou causando problemas tem que ser corrigida, sim. A minha recomendação não é para a aceitação, mas para entendimento. É bem provável que esse comportamento seja por causa da idade, com o tempo isso vai se resolvendo (pelo menos essa é a expectativa)."*
- *"Que entenda, ouça e tente ajudar e ser o mais sensível possível, pois hoje os adolescentes têm muitos traumas."*
- *"Primeiramente, pedir ajuda a Deus para o guiar e fazer o melhor trabalho possível, sempre passando a mensagem de Deus para o próximo. Eu aconselharia você a ser a pessoa que você é, sempre estando aberto a ouvir e a ajudar a melhorar a vida das pessoas que convivem com você."*

- *"Apenas seja você e dê um bom exemplo. Não tem o que falar na verdade. Adolescentes são diferentes uns dos outros, então depende. Mas, para mim, ser sociável é importante também."*
- *"Escutar mais e entender o lado dos adolescentes, e falar menos."*
- *"Respeitar as opiniões até o nível que a pessoa respeitar a sua, ensinar e explicar sobre a sua e ouvir sobre a deles, seja ela religiosa ou social."*

OS ADOLESCENTES NÃO PRECISAM DE PERFEIÇÃO - PRECISAM DE ALGUÉM QUE OS ESCUTE, COMPREENDA-OS E OS INSPIRE.

Percebeu como esses conselhos sintetizam o que abordamos ao longo de todo o livro? Eles mesmos reconhecem a necessidade que têm e o desafio que temos. Apesar disso, é possível a todo mentor fazer um bom trabalho se buscar agir como Cristo agiria com cada pessoa.

CONCLUSÃO

O CAMINHO CONTÍNUO DA FÉ

Ao encerrarmos este livro, é importante reconhecer que a jornada pela fé na adolescência é, antes de tudo, um caminho em permanente construção. Nosso estudo nos levou por veredas repletas de descobertas, dúvidas, momentos de imaturidade e profundas transformações. Em cada capítulo, exploramos as complexidades da adolescência, a efervescência dos desafios emocionais e espirituais, bem como a necessidade de uma fé que se integre de forma autêntica à vida cotidiana. Nossa conclusão reafirma que a fé não é um ponto final a ser alcançado, mas um processo incessante de renovação, um verdadeiro caminho contínuo que se desdobra a cada dia.

> A FÉ NÃO É UM DESTINO A SER ALCANÇADO, MAS UM CAMINHO CONTÍNUO DE DESCOBERTAS, DESAFIOS E CRESCIMENTO.

Desde a introdução, quando reconhecemos que ser adolescente é verdadeiramente "ser transição", vimos que essa fase não pode ser definida apenas por uma faixa etária ou por rótulos simplistas. A adolescência é, antes de tudo, um período de intensas mudanças biológicas, psicológicas e identitárias. Os desafios de lidar com hormônios, com a insegurança e com a pressão de tomar decisões que construirão o futuro foram apresentados não como meros obstáculos, mas como oportunidades para o amadurecimento espiritual. Ao mesmo tempo, discutimos que a fé, longe de ser uma crença abstrata, precisa ser vivida e praticada. É justamente nesse contexto conturbado que ela encontra a sua maior relevância.

No capítulo que trata do significado da fé, enfatizamos que a fé não é uma simples esperança cega, mas uma convicção que se fundamenta no relacionamento real com Deus. Vimos como os textos bíblicos, a experiência dos grandes personagens das Escrituras e as respostas que o mundo contemporâneo oferece demonstram que a fé atua como um pilar de estabilidade, mesmo diante das adversidades. A fé é apresentada, assim, não como uma garantia de que os problemas desaparecerão, mas como a força que nos impulsiona a enfrentá-los com coragem e sabedoria. Esse entendimento nos leva à necessidade de ir além das fórmulas rituais e adentrar no território da vida relacional com Deus, onde dúvidas e questionamentos são não só permitidos, mas também incentivados como parte do crescimento.

Ao abordarmos as dúvidas, mostramos que elas não devem ser encaradas como uma fraqueza ou um sinal de desconfiança em Deus, mas como um instrumento de fortalecimento da fé. Vimos que até os grandes heróis bíblicos enfrentaram momentos de incerteza – e que, justamente ao confrontarem suas dúvidas, tiveram a oportunidade de se aproximar mais profundamente do Senhor. Quando acompanhado de um diálogo sincero e de uma escuta atenta, esse confronto com a dúvida torna-se um convite para o amadurecimento espiritual. A dúvida, quando bem direcionada, pode impulsionar cada adolescente a buscar respostas, a estudar a Bíblia e a refletir sobre sua própria vida.

Outro tema essencial que analisamos foi a imaturidade espiritual. Assim como o processo de crescimento físico e mental é repleto de tropeços e acertos, o amadurecimento da fé acompanha uma curva de aprendizado – em que o questionamento e a busca por respostas são etapas indispensáveis. Enfatizamos que ninguém nasce com uma fé plenamente desenvolvida; ela precisa ser cultivada com disciplina e amor, por meio da oração, do estudo da Palavra, do envolvimento em práticas espirituais e do testemunho vivido em comunidade. Essa jornada de crescimento espiritual, muitas vezes marcada por momentos de fragilidade, revela, ao final, a beleza de um caráter forjado no relacionamento constante com Deus.

CADA DÚVIDA ENFRENTADA É UMA OPORTUNIDADE DE AMADURECIMENTO; CADA QUESTIONAMENTO PODE NOS LEVAR PARA MAIS PERTO DE DEUS.

Em seguida, tratamos das práticas religiosas na adolescência com muita profundidade. Discutimos como a oração, o estudo da Bíblia, a participação em cultos e a realização de serviços missionários não são apenas rotinas obrigatórias, mas hábitos que edificam o espírito e a mente. Longe de serem meros atos externos, essas práticas precisam estar enraizadas na autenticidade do relacionamento com Cristo. São elas que transformam a fé em algo vivo e palpável, que se manifesta não somente nos momentos de culto, mas também em cada aspecto do cotidiano: na família, na escola, entre amigos, no ambiente de trabalho e até mesmo nas redes sociais.

INTEGRAR A FÉ AO COTIDIANO NÃO SIGNIFICA VIVER PRESO À RELIGIÃO, MAS PERMITIR QUE DEUS TRANSFORME CADA ASPECTO DA VIDA REAL.

Na abordagem do cotidiano, ficou claro que integrar a fé à vida diária é, muitas vezes, o maior desafio para o adolescente. A vida real está repleta de demandas: responsabilidades familiares, desafios na escola, pressões do grupo de amigos e inovações do mundo digital. Entretanto, é precisamente nesse turbilhão que a fé se torna uma âncora – algo que transforma a maneira de enxergar e agir, possibilitando que o jovem desenvolva um caráter sólido e uma identidade fundamentada na verdade do evangelho. Seja ao enfrentar um conflito na escola, ao tomar decisões financeiras ou ao lidar com as paixões que o ambiente digital desperta, o crente em formação é chamado a demonstrar que sua fé transcende as convenções e se torna um modo de viver.

Nessa perspectiva, destacamos também a importância dos benefícios concretos que a fé pode produzir. A esperança, a paz e a cura emocional são frutos dessa caminhada - os quais se revelam tanto na experiência pessoal quanto em evidências trazidas por estudos e testemunhos. Em Romanos 15:13, Paulo nos lembra de que a palavra de Deus é a fonte dessa esperança; e, através do relacionamento com Deus, podemos experimentar uma paz que excede todo entendimento, mesmo em meio às tribulações do cotidiano. Essa paz não significa a ausência de conflitos, mas a convicção de que, independentemente dos desafios, Deus está conosco e cuida de nós. Da mesma forma, a cura emocional alcançada pela comunhão com Deus é a prova de que, quando voltamos o nosso coração para Ele, encontramos respostas e conforto - mesmo quando o mundo ao nosso redor parece caótico e imprevisível.

Outro ponto que enfatizamos foi a importância do relacionamento interpessoal e do papel da comunidade na jornada da fé. Os adolescentes, naturalmente, estão sedentos por pertencimento e compreensão. Quando se sentem acolhidos - seja na família, na igreja ou em grupos de amizade -, conseguem desenvolver uma identidade mais forte e uma visão de mundo mais esperançosa. A comunhão entre aqueles que compartilham dos mesmos valores espirituais é o ambiente propício para que a fé se torne robusta e transformadora. É nessa comunidade que os jovens encontram exemplos de fé madura, que os inspiram a seguir o caminho de Cristo com coragem, determinação e alegria.

A partir desse panorama, torna-se imperativo também reconhecer o papel dos discipuladores e líderes religiosos na formação da fé dos adolescentes. O livro revela que a autoridade, em vez de ser imposta de maneira autoritária, deve ser conquistada por meio do exemplo e da proximidade. Líderes que se comprometem a ouvir, a orientar e a viver uma fé autêntica têm o potencial de transformar vidas. Eles são instrumentos por meio dos quais o amor e a sabedoria de Deus podem ser transmitidos de forma eficaz, ajudando os jovens a superarem suas dúvidas, a enfrentarem as crises e a crescerem em maturidade espiritual. Essa missão, que exige zelo e dedicação, é um chamado não apenas para ensinar doutrina, mas para inspirar um modo de vida que reflita os valores do evangelho em cada palavra e ação.

Quando refletimos sobre toda essa jornada, percebemos que, para ser verdadeiramente vivida, a fé precisa se entrelaçar com a vida em sua totalidade – tornando-se perceptível no modo como agimos, decidimos, sentimos e nos relacionamos com os outros. É essa integração que desafia os adolescentes a verem a fé como algo que permeia cada aspecto de sua existência. Não se trata de formar "caixinhas" para a espiritualidade, mas de possibilitar que ela transborde, temperando a vida com o sal de Cristo e transformando cada ambiente - seja o lar, a escola, a igreja, o trabalho ou o universo virtual - em um espaço de encontro genuíno com Deus.

Através de todas essas reflexões, o que se destaca é a necessidade de perseverança e coragem. A caminhada da fé é repleta de altos e baixos, de momentos de intensa alegria intercalados com períodos de questionamento e até sofrimento. Contudo, cada desafio enfrentado é uma oportunidade de crescimento; cada dúvida, uma chance de aprofundar o relacionamento com o Senhor; e cada conquista, um testemunho do poder transformador do amor divino. A fé contínua é, em última análise, um convite permanente para que sejamos participantes ativos em um processo de constante renovação - um processo em que Deus, mesmo próximo às nossas fragilidades, sustenta-nos e nos guia para nos tornarmos mais semelhantes a Cristo.

Portanto, ao chegarmos ao fim deste livro, somos chamados não a encerrar a busca, mas a renovar o compromisso com uma vida de fé genuína. Que cada lição aqui apresentada sirva como uma lembrança de que a fé é o início de um caminho repleto de possibilidades, descobertas e transformação. É um chamado para que cada adolescente e cada adulto que convive com a juventude abrace a ideia de que o crescimento espiritual é uma jornada sem destino certo - na qual a meta não é chegar a um patamar fixo, mas viver cada dia com a confiança de que, mesmo aos tropeços, Deus está presente para nos conduzir em direção à verdade.

Que possamos, portanto, seguir adiante, fortalecidos pela esperança que emana de um relacionamento sincero com Deus, embalados pela paz que ultrapassa qualquer compreensão humana e curados emocionalmente pela certeza de que nossas lutas não passam despercebidas. Que cada dúvida seja tratada como um convite para o diálogo profundo com o Senhor e cada desafio uma oportunidade para provar a fidelidade d'Aquele que nunca nos abandona.

O VERDADEIRO DISCIPULADO NÃO FORMA SEGUIDORES - ELE INSPIRA CRISTÃOS A VIVEREM UMA FÉ AUTÊNTICA, RELEVANTE E TRANSFORMADORA.

Encerro este livro com a certeza de que o caminho da fé continuará até o retorno de Cristo, quando as esperanças encontrarão seu destino final. A mensagem que levamos não é apenas para ser lida ou discutida, mas para ser vivida dia após dia. Que você possa caminhar com ousadia e humildade, mantendo sempre a mente aberta para aprender, o coração disposto a perdoar e a alma sedenta por justiça e amor. Assim, a fé adulta e transformada não virá do acúmulo de doutrina, mas da prática constante de um relacionamento íntimo com Aquele que promete nunca nos deixar.

Que esta conclusão seja um lembrete de que, independentemente dos desafios que se apresentem, a jornada continua - e que o verdadeiro caminho da fé é justamente aquele em que, a cada novo amanhecer, permitimo-nos recomeçar, crescer e sermos transformados pela graça e pelo amor inabaláveis de Deus.

APÊNDICE

SUGESTÕES DE LIVROS PARA APROFUNDAR O CONHECIMENTO

Não existem muitos materiais que auxiliem na compreensão dos assuntos abordados neste livro, da forma sistematizada como fizemos. Mas, se separarmos os temas, aí sim nossa gama de recursos será bem grande.

Portanto, quero compartilhar com você uma lista de vários livros que tratam desses assuntos, juntamente a um breve resumo de cada um. O objetivo não é esgotar as opções de materiais, mas enriquecer essas opções para aqueles que precisam lidar com adolescentes ou até para adolescentes que querem aumentar seu conhecimento.

Além das sugestões apresentadas, você pode consultar a bibliografia de *Fé adolescente* e outros materiais que possam ser encontrados na internet.

1. *BIG QUESTIONS THAT CHANGE EVERY TEENAGER*, DE KARA POWELL E BRAD GRIFFIN

Um dos títulos que baseiam o que discutimos neste livro, *3 Big Questions That Change Every Teenager*, trata das três perguntas essenciais do período da adolescência e juventude: (1) Quem sou eu?; (2) A que lugar pertenço?; (3) Qual é o meu propósito?.

Desenvolvendo as ideias de identidade, pertencimento e propósito, os autores exploram como cada uma dessas questões pode ser construída na vida do jovem e a importância dessas perguntas durante a etapa da juventude.

Uma excelente leitura tanto para adolescentes quanto para aqueles que lidam com adolescentes e querem ajudá-los nesses pontos.

2. *A LÓGICA DA FÉ*, DE HUMBERTO M. RASI E NANCY J. VYHMEISTER

O subtítulo resume a ideia central do livro: "Respostas inteligentes para perguntas difíceis sobre nossas crenças". *A lógica da fé* fomenta o pensamento racional a respeito da fé. Pode ser relacionado profundamente aos capítulos 2 e 3 do livro que você tem em mãos agora. Um aprofundamento necessário para fortalecer a lógica da fé.

Com uma linguagem voltada para o público jovem, ele pode ser útil tanto para adolescentes quanto para adultos.

3. *A MORTE DA RAZÃO*, DE FRANCIS SCHAEFFER

Citado em *Fé adolescente*, o livro *A morte da razão* aborda a história da racionalidade em sua relação com a fé. Misturando teoria filosófica e análise histórica do mundo, Schaeffer ressalta a seriedade com que precisamos levar a fé na construção de estruturas racionais e como a ausência do aspecto religioso pode levar a um afastamento da razão.

É um livro mais teórico, mas recomendado para qualquer pessoa que queira entender um pouco mais a relação entre fé e razão na percepção de mundo.

4. *A PRESENÇA IGNORADA DE DEUS*, DE VIKTOR FRANKL

Viktor Frankl foi um psiquiatra sobrevivente dos campos de concentração nazistas. Isso, por si só, deveria despertar a curiosidade naqueles que percebem a relação entre o título de seu livro e sua história de vida.

Em *A presença ignorada de Deus*, Frankl demonstra, por meio de análises psicológicas, a necessidade intrínseca que o ser humano tem de Deus e como deram errado as vezes em que Deus foi colocado de lado nas relações do ser humano com os outros e do ser humano com o mundo.

Para o contexto da adolescência, esse livro desperta o senso da necessidade de Deus na construção das relações humanas. Pode ser útil tanto para adolescentes que queiram entender melhor o tema quanto para líderes.

5. *ADOLESCENTES*, DE ANDRÉ TAVARES

Se queremos entender melhor o universo da adolescência e os desafios enfrentados nessa fase, *Adolescentes*, de André Tavares, é uma excelente referência. O autor traz uma visão ampla sobre esse período da vida, tratando de aspectos emocionais, sociais e espirituais que influenciam o desenvolvimento dos jovens.

Com uma abordagem acessível e direta, Tavares explora questões fundamentais para quem deseja compreender melhor o comportamento adolescente e ajudá-los nesse caminho. Assim como outros títulos mencionados, esse livro pode ser valioso tanto para os próprios adolescentes quanto para pais, líderes e educadores que buscam recursos para lidar com essa fase complexa e cheia de transformações.

6. *ALMOST CHRISTIAN*, DE KENDA CREASY DEAN

Um dos poucos livros em inglês desta lista (seria muito bom se fosse traduzido para o português), *Almost Christian* provoca o leitor a pensar sobre como ele tem testemunhado sua fé. Isso, porque Dean apresenta a maneira como os adolescentes têm tido sua fé formada. No subtítulo do livro, o convite à reflexão: o que a fé de nossos adolescentes está dizendo à igreja americana.

Todo líder de adolescentes deveria ler e repensar o que tem feito pela fé dos adolescentes.

7. *ALTARES EM CHAMA*, DE WÉLIDA DANCINI E EDINALDO JUAREZ

Esse livro é uma recomendação específica para os pais. Em *Altares em chama*, Dancini e Juarez exploram a importância do culto familiar na construção da fé de todos da família, mas especialmente dos filhos. É um livro fundamental para aqueles pais que precisam investir tempo e recursos nesse importante elemento da espiritualidade do lar.

8. *CAMINHO A CRISTO*, DE ELLEN WHITE

Um clássico da Igreja Adventista do Sétimo Dia, *Caminho a Cristo*, escrito há mais de cem anos, ainda é um marco para a história da denominação. Nele, Ellen White aborda os passos da aproximação com Cristo, deixando claro que a salvação é uma obra que começa em Deus para levar o homem de volta para Deus. Nesse processo, a autora explora aspectos fundamentais das rotinas cristãs de fortalecimento da fé.

Uma excelente leitura para qualquer pessoa que queira aprofundar seu relacionamento com Cristo, tanto adolescentes quanto adultos.

9. *CAMPO DE BATALHA DA MENTE*, DE JOYCE MEYER

Nesse livro, Joyce Meyer explora a importância dos pensamentos na vida cristã e como a mente pode ser um verdadeiro campo de batalha. A autora apresenta estratégias para vencer dúvidas, medos e padrões negativos, mostrando como alinhar a mentalidade com princípios bíblicos pode transformar a vida espiritual e emocional.

Com uma abordagem acessível e prática, *Campo de batalha da mente* é uma leitura essencial para quem deseja fortalecer sua fé e desenvolver uma mentalidade mais positiva e resiliente. Pode ser útil tanto para adolescentes quanto para adultos que enfrentam desafios internos e buscam crescimento espiritual.

10. *CÉREBRO ADOLESCENTE*, DE DANIEL J. SIEGEL

Daniel J. Siegel mergulha na neurociência para explicar como o cérebro dos adolescentes funciona e como essa fase da vida pode ser aproveitada de maneira positiva. O autor desmistifica comportamentos típicos da adolescência e mostra como pais, educadores e os próprios jovens podem entender melhor as mudanças cerebrais que ocorrem entre os 12 e os 24 anos.

Explicando ciência de forma acessível, *Cérebro adolescente* ajuda a compreender os desafios e as oportunidades dessa fase, promovendo uma visão mais empática e construtiva sobre o desenvolvimento juvenil. Uma leitura valiosa para quem deseja entender melhor o impacto da adolescência na formação da identidade e das relações humanas.

11. *CONFISSÕES*, DE AGOSTINHO

Uma das obras mais importantes do cristianismo, escrita há aproximadamente 1.600 anos, *Confissões* ainda é muitíssimo pertinente. Sua atualidade não está na linguagem, mas na aplicabilidade dos conceitos abordados pelo santo católico que estabeleceu as bases teológicas sobre as quais o catolicismo foi construído. Agostinho explora sua própria experiência de vida e o quanto buscou preencher seu vazio com outras coisas até que se viu satisfeito apenas em Deus.

É uma biografia entremeada de certo tom poético, mas imensamente capaz de impactar seus leitores. Uma recomendação para qualquer pessoa que busque inspiração para sua jornada cristã.

12. *CONHECER JESUS É TUDO*, DE ALEJANDRO BULLÓN

Talvez esse seja um dos livros mais simples, sem deixar de ser profundo, da lista. A linguagem pessoal de Bullón aproxima o leitor do desejo de construir uma vida cristã mais sólida e não baseada em teologia, mas em relacionamento pleno com Cristo Jesus.

Indicado para leitores que gostem de simplicidade e de clareza em livros curtos. Uma inspiração, sem dúvida.

13. *CRER É TAMBÉM PENSAR*, DE JOHN STOTT

John Stott desafia a ideia de que fé e razão são opostas, defendendo que o cristianismo deve ser vivido com profundidade intelectual. Nesse livro, ele combate o anti-intelectualismo cristão e mostra como a reflexão e o pensamento crítico são essenciais para uma fé madura e bem-fundamentada.

De forma clara e, portanto, de fácil entendimento, Stott apresenta argumentos que incentivam os leitores a desenvolverem uma fé que não apenas sente, mas também pensa. *Crer é também pensar* é uma leitura indispensável para aqueles que desejam fortalecer sua compreensão do cristianismo sem abrir mão da racionalidade.

14. *CRER FAZ BEM*, DE JULIÁN MELGOSA

Uma das referências mais importantes de *Fé adolescente*, o livro *Crer faz bem* é um apanhado de pesquisas médico-psiquiátricas sobre os benefícios das rotinas espirituais. Nele, Julián Melgosa explora as evidências científicas que apontam a importância de rotinas como a oração, o estudo da Bíblia, o envolvimento com a igreja e as relações sociais.

É um livro indicado para aqueles que querem evidências científicas da importância da fé e de suas práticas. Útil inclusive para líderes, que precisam estar atualizados quanto a novidades científicas relacionadas à fé.

15. *CRIANDO ADOLESCENTES*, DE MICHAEL CARR-GREGG E ERIN SHALE

A adolescência é um período de intensas transformações, e *Criando adolescentes* oferece um guia prático para pais e educadores que desejam compreender melhor essa fase. Com uma linguagem clara e fundamentada na psicologia, os autores exploram estratégias para lidar com os desafios emocionais, sociais e comportamentais dos jovens.

O livro apresenta insights valiosos sobre como fortalecer a comunicação, estabelecer limites saudáveis e apoiar o desenvolvimento dos adolescentes sem sufocar sua autonomia. Para quem busca um material acessível e direto, *Criando adolescentes* é uma leitura indispensável na jornada de educar e orientar os jovens para os desafios da vida.

16. *CRISE ESPIRITUAL*, DE FERNANDO BEIER

Em *Crise espiritual*, Fernando Beier apresenta a falácia do cristão forte. Ele expõe casos e condições pelas quais cristãos passam de dúvida a respeito de sua confiança em Deus. É um livro confortador, porque mostra que nem só de vitórias é feita a vida cristã.

Sua leitura é imprescindível para quem precisa de encorajamento em situações desconfortáveis da vida. De leitura simples, abarca aspectos importantes tanto para o contexto adolescente quanto para o contexto adulto da fé.

17. *CRISTÃOS EM BUSCA DO ÊXTASE*, DE VANDERLEI DORNELES

Um dos livros mais complexos e controversos desta lista, *Cristãos em busca do êxtase* tem duas versões. A segunda edição, mais light e menos técnica, foi publicada em 2016 e tem uma linguagem simples para o bom leitor.

Nele, Vanderlei Dorneles faz um apanhado histórico da busca incessante por novidades e emoções na religião, começando pelas pagãs. A preocupação do autor é mostrar como o êxtase distancia as pessoas da vontade e do ensino a respeito de Deus para colocá-las mais próximas de seus próprios sentimentos.

É uma leitura fundamental para aqueles que lidam com jovens e adolescentes, exatamente por apresentar a preocupação com aspectos fundamentais do cristianismo além dos sentimentos.

18. *CRISTIANISMO PURO E SIMPLES*, DE C. S. LEWIS

Talvez o maior clássico cristão do século XX e a mais famosa obra de C. S. Lewis, *Cristianismo puro e simples* é a visão do autor irlandês sobre os aspectos fundamentais e básicos do cristianismo.

Como o próprio título indica, trata-se de um livro de abordagem simples, o que não é sinônimo de superficial. Nessa reprodução textual de uma série de três discursos feitos por Lewis em um programa de rádio, são abordados temas importantes do cristianismo, divididos em quatro grupos: entendimento universal, compreensão teológica cristã, orientações práticas da vida cristã e aspectos do caráter divino.

É uma leitura quase obrigatória para todo cristão.

19. *DESCRENTES*, DE DAVID KINNAMAN E GABE LYONS

O que faz os jovens se afastarem da igreja? Essa pergunta baseou as pesquisas que formam o escopo do livro *Descrentes*. Kinnaman e Lyons abordam os resultados da pesquisa organizada pelo Instituto Barna, nos Estados Unidos, na qual questionaram os jovens a respeito de diversos aspectos de sua compreensão sobre o papel da igreja e da religião em suas vidas.

Por ser um livro pautado em pesquisa, é muito indicado para aqueles que gostam de entender melhor a relação da juventude com assuntos e práticas da religião.

20. *DEUS E O ALCANCE DA RAZÃO*, DE ERIK J. WIELENBERG

Nessa obra, Erik J. Wielenberg coloca em diálogo três grandes pensadores: C. S. Lewis, David Hume e Bertrand Russell, explorando questões fundamentais sobre a existência de Deus, o sofrimento, a moralidade, a razão e a fé. O autor apresenta uma análise racionais dessas temáticas, contrastando diferentes visões filosóficas e religiosas.

O livro se destaca por sua abordagem crítica e clara, oferecendo reflexões profundas acerca de debates que atravessam séculos. Para aqueles que buscam compreender melhor os argumentos filosóficos sobre Deus e a razão, *Deus e o alcance da razão* é uma leitura instigante e enriquecedora.

21. *DEUS E O VAZIO HUMANO*, DE RODRIGO SILVA

Baseado na famosa frase de Dostoiévski a respeito da necessidade intrínseca que o homem tem de Deus, Rodrigo Silva explora de maneira filosófica o senso dessa necessidade. Trazendo aspectos da psicologia e da filosofia, Silva mostra que o homem sem Deus é incompleto.

Uma leitura mais filosófica, de fato, mas não complexa. Um livro de pouco mais de 170 páginas que pode impactar profundamente a vida daqueles que estão buscando preencher esse vazio.

22. *DEUS NÃO VAI EMBORA*, DE ALISTER MCGRATH

A ascensão do novo ateísmo trouxe debates intensos sobre fé e racionalidade, e Alister McGrath mergulha nesse cenário para analisar suas principais ideias e implicações. O autor examina as visões de pensadores como Richard Dawkins, Daniel Dennett, Sam Harris e Christopher Hitchens, contrapondo suas críticas à religião com reflexões sobre o papel da fé na experiência humana.

De forma instigante e fundamentada, McGrath questiona se a tentativa de eliminar a crença em Deus realmente faz sentido diante da necessidade humana de significado e transcendência. *Deus não vai embora* é uma leitura excelente para quem deseja compreender melhor os desafios contemporâneos impostos à fé e as respostas que o cristianismo pode oferecer.

23. *DEUS NO BANCO DOS RÉUS*, DE C. S. LEWIS

Talvez alguns não o considerem um livro, mas um apanhado de pequenos ensaios de C. S. Lewis. *Deus no banco dos réus* aborda diversos questionamentos a respeito de Deus e da religião. No ensaio mais importante, homônimo ao título do livro, Lewis explora os questionamentos a respeito do caráter de Deus e a aparente negligência d'Ele à maldade causada pelo ser humano, a exemplo do que ocorreu nos campos de concentração nazistas.

24. *DISCIPULADO*, DE DIETRICH BONHOEFFER

Em uma das mais famosas obras do século XX, Bonhoeffer, morto pelos nazistas pouco antes do fim da guerra, aborda o preço do discipulado. Na apresentação, ele desenvolve a ideia que diferencia graça valiosa de graça barata. A graça barata coloca o homem apenas como receptáculo das benesses de Deus, enquanto a graça valiosa traz um senso de responsabilidade para o homem redimido.

Pode ser uma leitura útil para adolescentes, mas é fundamental para líderes que precisem entender que o custo do discipulado é altíssimo.

25. *ELES CRIAM EM DEUS*, DE RODRIGO SILVA

Uma lista de 21 grandes nomes da história que criam na existência de Deus. Nem todos cristãos ortodoxos, mas todos aceitando e entendendo claramente a ação direta de Deus na existência do mundo. Em *Eles criam em Deus*, Rodrigo Silva relata histórias importantes que mostram que crer em Deus não é algo feito no vazio, mas com base nas evidências de Sua existência que Ele mesmo deixou.

Um livro recomendadíssimo para adolescentes. São cem páginas de histórias impactantes, emocionantes e poderosas a respeito de como cientistas e pensadores chegaram à clara conclusão de que Deus existe.

26. *ELES GOSTAM DE JESUS, MAS NÃO DA IGREJA*, DE DAN KIMBALL

O que a igreja tem feito com a pessoa de Cristo? Não é uma pergunta vazia ou apenas reflexiva. Kimball, nesse livro, mostra que a maneira como a igreja tem apresentado Cristo muitas vezes é distante de como Cristo realmente é. Essa dicotomia tem afastado as pessoas da igreja.

Trata-se de uma excelente leitura para líderes que precisam repensar sua forma de fazer discipulado e também um convite para aqueles que têm se distanciado da igreja por razões opostas ao próprio evangelho.

27. *EM BUSCA DE SENTIDO*, DE VIKTOR FRANKL

Já citado em outra sugestão de livro (*A presença ignorada de Deus*), Viktor Frankl, fundador da escola logoterápica de psiquiatria, apresenta, em *Em busca de sentido*, como os horrores da Segunda Guerra Mundial fizeram alguns questionarem Deus enquanto outros se aproximaram mais de Deus ao buscarem um sentido em tudo o que estava acontecendo ao povo judeu.

É uma leitura imprescindível para adolescentes que estejam tentando entender sua luta por propósito. E ainda mais importante para mentores de adolescentes que queiram ser usados para alcançar o coração desses mesmos adolescentes.

28. *EM DEFESA DE CRISTO*, DE LEE STROBEL

Uma busca desenfreada por respostas baseadas na necessidade de negar a veracidade de Cristo fez o jornalista Lee Strobel jornadear pelos principais pontos da fé em Cristo Jesus. Ateu convicto, sua busca tinha como único objetivo mostrar à sua esposa que ela estava enlouquecendo ao aceitar a fé cristã como parte de sua vida.

A história contada no livro, e também no filme com o mesmo título, mostra como foi que Strobel pesquisou a respeito dessas verdades importantes para sua esposa. Não vou dar spoilers do livro ou do filme, mas digo que o livro, como sempre, é muito mais abrangente e claro.

29. *EM FAVOR DA DÚVIDA*, DE PETER BERGER E ANTON ZIJDERVELD

Em um mundo cada vez mais polarizado, onde certezas absolutas dominam o discurso público, *Em favor da dúvida* propõe uma reflexão essencial: a dúvida não é inimiga da fé, mas um elemento fundamental para um pensamento mais equilibrado e maduro.

Os autores exploram como a dúvida pode ser uma ferramenta poderosa para evitar dogmatismo e fundamentalismo, permitindo que indivíduos e sociedades construam convicções mais sólidas e bem-fundamentadas. A obra aborda temas como moralidade, religião e cultura, mostrando como a incerteza pode ser um caminho para uma compreensão mais profunda da realidade.

Para aqueles que desejam um olhar crítico e filosófico sobre a relação entre fé, razão e sociedade, *Em favor da dúvida* é um prato cheio.

30. *FÉ COM PIPOCA*, DE VINÍCIUS A. MIRANDA

O que histórias do cinema como Harry Potter, Star Wars, Vingadores, Crepúsculo, Senhor dos Anéis, As Crônicas de Nárnia e companhia têm a ver com fé? É partindo dessa pergunta que Vinícius Miranda relata princípios bíblicos que muitas vezes são exemplificados ou contrariados nessas histórias fictícias.

Para adolescentes, é um livro que desperta a curiosidade para temas religiosos importantes e para a maneira como o cinema tem sido usado a fim de propagar algumas ideias. Para adultos, é uma amplificação da seriedade com que precisamos pensar nos princípios de fé e como eles podem ser enxergados em áreas aparentemente aversas ao cristianismo em si.

31. *FILHOS ADULTOS DE PAIS EMOCIONALMENTE IMATUROS*, DE LINDSAY C. GIBSON

Esse é um daqueles livros que nos fazem pensar seriamente no papel da maternidade e da paternidade. Ele explora o impacto de crescer com pais emocionalmente indisponíveis e como isso afeta a vida adulta. A autora apresenta ferramentas práticas para reconhecer padrões familiares, curar traumas e desenvolver relações mais saudáveis.

Com uma abordagem acessível e clara, Gibson ajuda os leitores a compreenderem como a imaturidade emocional dos pais pode influenciar autoestima, escolhas e relacionamentos. Para aqueles que buscam crescimento pessoal e libertação de ciclos familiares negativos, *Filhos adultos de pais emocionalmente imaturos* é uma leitura essencial.

32. *GERAÇÃO PERDIDA*, DE DAVID KINNAMAN

Em *Geração perdida*, o autor mostra por que a igreja tem perdido os seus jovens, e acredite: tem perdido muito. Sete em cada dez cristãos que ingressam na faculdade abandonam a igreja antes do fim do curso. A igreja tem tentado, inutilmente, combater essa evasão com modernidade e o resultado tem sido o rebaixamento do cristianismo, ainda assim mantendo os jovens longe da igreja.

Essa é a realidade abordada por Kinnaman nesse livro. Por conta disso, trata-se de uma leitura importante para líderes que precisam refletir sobre a maneira como Cristo tem sido representado em suas estruturas de discipulado.

33. *GROWING YOUNG*, DE KARA POWELL, JAKE MULDER E BRAD GRIFFIN

Se você quer dicas fundamentais para o ministério com jovens, essa leitura é indispensável. Powell, Mulder e Griffin exploram o processo discipulador de jovens e como os líderes devem agir para ter resultados mais eficazes. E quando me refiro a resultados, não estou falando apenas de números, mas principalmente de um discipulado que efetivamente transforme a vida dos jovens (e adolescentes) que necessitam de um processo discipulador claro e profundo.

34. *INTELIGÊNCIA SOCIOEMOCIONAL*, DE AUGUSTO CURY

Nesse livro, Augusto Cury explora a importância da inteligência socioemocional como ferramenta essencial para o desenvolvimento pessoal e profissional. Ele apresenta conceitos fundamentais sobre como gerenciar emoções, fortalecer a resiliência e construir relacionamentos saudáveis, destacando a necessidade de equilibrar razão e emoção para uma vida mais plena.

Com uma linguagem clara e reflexiva, Cury propõe estratégias para aprimorar habilidades como autocontrole, empatia e motivação, demonstrando o impacto direto desses fatores na qualidade de vida e no crescimento pessoal. *Inteligência socioemocional* é um guia prático para quem deseja compreender melhor o funcionamento da mente e desenvolver maior capacidade de enfrentar desafios emocionais e sociais.

35. *INTOXICAÇÃO DIGITAL*, DE AUGUSTO CURY

Uma geração que não consegue mais pensar, relacionar-se e quase viver sem tecnologias. Essa é a realidade que o psiquiatra Augusto Cury aborda em *Intoxicação digital*. Com sua linguagem típica, o autor demonstra com clareza como a dependência digital tem afetado os relacionamentos e as emoções de jovens e adultos.

É uma leitura recomendada para pais que se preocupam com a imersão digital dos filhos e também para adolescentes que sentem que esse tem sido um desafio em sua vida.

36. *MARAVILHOSA GRAÇA*, DE PHILIP YANCEY

Até onde a graça de Deus pode ir? Como experimentar o perdão de Deus e aplicar esse perdão à vida real? Essas e outras questões são o plano de fundo de *Maravilhosa graça*. Com trechos emocionantes, reflexivos e outros inspiradores, é uma leitura transformadora para todos que precisam se aprofundar na maravilhosa graça de Deus.

37. *MENTE, CARÁTER E PERSONALIDADE (VOLUMES 1 e 2)*, DE ELLEN WHITE

São dois volumes de pura reflexão sobre o impacto de nossa mente em nossa formação de caráter e personalidade. Ellen White, conhecida autora adventista, aborda aspectos importantes da prática religiosa e dos cuidados necessários para que a mente humana não distancie o homem de Deus por meio de seus devaneios.

Uma leitura profunda e riquíssima para todos os que se preocupam em formar hábitos que consolidem sua fé e suas rotinas espirituais.

38. *MEU FILHO CHEGOU À ADOLESCÊNCIA, E AGORA?*, DE LEO FRAIMAN

A adolescência é uma fase de grandes mudanças e desafios, como já vimos, tanto para os jovens quanto para seus pais. Nesse livro, Leo Fraiman oferece um guia prático para ajudar famílias a atravessarem esse período com mais segurança e compreensão. Com base em psicologia cognitiva, neurociência e educação, o autor apresenta estratégias para fortalecer o diálogo, estabelecer limites saudáveis e construir um projeto de vida conjunto entre pais e filhos.

Uma leitura essencial para quem deseja entender melhor o universo adolescente e encontrar caminhos para uma relação mais equilibrada e construtiva na família.

39. *MOVIDOS A INTERNET*, DE SALETE RIOS

Vivemos em uma era de hiperconectividade, na qual a dependência digital tem impactado profundamente a saúde mental e os relacionamentos. Nesse livro, a médica e pesquisadora Salete Rios explora os efeitos do uso excessivo de redes sociais, jogos eletrônicos e outras tecnologias, trazendo pesquisas recentes sobre os riscos da compulsão digital.

Além de alertar para os perigos da hiperconexão, a autora propõe estratégias para um uso mais consciente da tecnologia, ajudando pais, educadores e adolescentes a encontrarem um equilíbrio saudável entre o mundo digital e a vida real.

40. *NÃO ACREDITE EM TUDO QUE VOCÊ SENTE*, DE ROBERT L. LEAHY

As emoções podem ser intensas e, muitas vezes, enganosas. Nesse livro, Robert L. Leahy combina terapia cognitivo-comportamental e terapia de esquemas emocionais para ajudar os leitores a identificarem padrões emocionais negativos e desenvolverem estratégias mais saudáveis para lidar com ansiedade e depressão.

Com uma abordagem prática e fundamentada, trata-se de uma leitura indispensável para quem deseja compreender melhor suas emoções e aprender a gerenciá-las de forma mais equilibrada. Nas mãos de adolescentes, pode ser uma poderosa ferramenta de crescimento emocional.

41. *NÃO TENHO FÉ SUFICIENTE PARA SER ATEU*, DE NORMAN GEISLER E FRANK TUREK

É, sem dúvida, um dos títulos mais provocativos que conheço. Geisler e Turek racionalizam questões importantíssimas da crença e mostram como a descrença em Deus também exige fé. Não apenas o título é provocativo como diversos trechos fazem o jogo da provocação com ideias ateístas.

Um dos livros que mais gosto de ler; já reli algumas vezes. Excelente para quem gosta de fundamentar melhor sua fé, independentemente da idade.

42. *NAS ASAS DA GRAÇA*, DE BENEDITO MUNIZ

Um dos livros mais transformadores na minha jornada cristã. Algumas pessoas podem ler *Nas asas da graça* e nem entender por que foi tão importante para mim, mas é um livro que aborda a simplicidade da presença de Deus na vida. É quase uma ode à graça, uma proclamação da leveza que advém de viver na graça de Deus.

A linguagem é excelente para leituras meditativas e rápidas, portanto pode ser lido em pouquíssimo tempo por qualquer pessoa, seja adolescente ou adulto.

43. *O ATEÍSMO CRISTÃO E OUTRAS AMEAÇAS À IGREJA*, DE AUGUSTUS NICODEMUS

O renomado teólogo presbiteriano Augustus Nicodemus apresenta nesse livro como diversos aspectos práticos têm distanciado muitas igrejas do ideal divino delineado pelas Escrituras. Separando os capítulos por grupos de questionamento das verdades bíblicas, Nicodemus mostra que a Igreja de Cristo está se fragilizando ao permitir que práticas distorcidas avancem sobre ela, atropelando os fundamentos da fé cristã.

Líderes de todos os níveis denominacionais devem não apenas ler, mas também gravar na mente e nas rotinas da Igreja as orientações de Augustus Nicodemus.

44. *O CETICISMO DA FÉ*, DE RODRIGO SILVA

Eu já pensei em escrever um livro sobre a maneira como eu entendia a fé e sua relação com a vida cotidiana, além de questionamentos a respeito dela. Bem, pensei, no passado. Isso, porque quando li *O ceticismo da fé* encontrei Rodrigo Silva escrevendo com muito mais propriedade acerca de tudo aquilo que eu pensava e ainda penso sobre fé.

Apesar de ser um livro mais longo, a linguagem simples, mas não simplória, permite que o leitor viaje pelos questionamentos mais básicos sobre fé e tenha respostas ou bases para respostas racionais. Sim, Silva explora a ideia de que a fé precisa ser racional ou pautada em argumentos racionais.

É uma leitura que pode ser até demorada para alguns, mas muito proveitosa para todos. Adolescentes poderão construir melhor seus fundamentos de fé e adultos poderão reforçar e até mudar compreensões apresentadas por Rodrigo Silva.

45. *O CRISTÃO ATEU*, DE CRAIG GROESCHEL

A provocação do título traz a ideia proposta por Groeschel de que muitas vezes o cristianismo declarado não é o cristianismo vivido. Com linguagem clara e objetiva, mas muito reflexiva, o autor mostra como é fácil nos enganarmos em nossas práticas cristãs e sermos enredados por pensamentos que não representam a crença cristã. Recomendado para todos os públicos.

46. *O DEUS QUE EU NÃO ENTENDO*, DE CHRISTOPHER J. H. WRIGHT

Há perguntas sobre Deus que parecem não ter respostas. Por que o sofrimento? Por que certas passagens bíblicas são tão difíceis de compreender? Como conciliar fé e razão diante das incertezas da vida? Christopher J. H. Wright encara essas questões com honestidade e profundidade, sem recorrer a explicações simplistas.

Esse livro não busca eliminar dúvidas, inclusive mostra que elas fazem parte da jornada da fé. Com uma abordagem reflexiva e fundamentada, *O Deus que eu não entendo* é um convite para quem deseja lidar com as incertezas sem perder a confiança em Deus.

47. *O JARDIM DAS AFLIÇÕES*, DE OLAVO DE CARVALHO

Um dos autores brasileiros mais controversos escreveu uma das obras mais sensatas sobre a busca histórica incessante por prazer. Em *O jardim das aflições*, Olavo de Carvalho apresenta a história do mundo a partir, principalmente, do pensamento grego epicurista e como esse pensamento permeou a história da humanidade até os dias atuais.

É uma linguagem histórico-filosófica que pode agradar aqueles que gostam do estilo e desagradar aqueles que preferem leituras mais simplificadas. Portanto, a recomendação não é por faixa etária, mas por preferência literária.

48. *O JESUS QUE EU NUNCA CONHECI*, DE PHILIP YANCEY

Com certeza é um dos livros mais bonitos que já li e ajudou a transformar Philip Yancey em um dos meus autores favoritos. *O Jesus que eu nunca conheci* não é mais uma história de Jesus, é apenas uma nova visão a respeito de um Jesus que está perto em todos os momentos, inclusive nos mais difíceis. É uma perspectiva relacional de Cristo.

Trata-se de uma excelente leitura para quem deseja caminhar com Cristo de perto, e não apenas o observar de longe. Facilmente lido por adolescentes e adultos.

49. *O NAMORO COMPLETO*, DE NANCY VAN PELT

Um dos primeiros livros completos que li na minha vida, esse é fundamental para quem quer entender melhor os princípios bíblicos do namoro. Nancy Van Pelt aborda temas importantes com o objetivo de orientar principalmente aqueles que estão começando a vida amorosa. Exatamente por isso, é uma leitura de grande relevância para adolescentes.

50. *O PEREGRINO*, DE JOHN BUNYAN

Um dos livros mais conhecidos da história do cristianismo, *O peregrino* teria sido um sonho que John Bunyan teve e inspirou a história de Cristão, o personagem principal, que recebe um convite para ir à terra de um rei e enfrenta muitos desafios para chegar lá. A aventura é uma metáfora da vida cristã e dos passos necessários para chegar ao céu.

A leitura leve, com linguagem simples e clareza de ideias, é envolvente para todos os públicos, e o objetivo é provocar a reflexão naqueles que estão enfrentando a jornada da fé. Recomendado para todos os públicos.

Um adendo: você consegue encontrar esse livro em formato brochura, capa dura e até em formato de quadrinhos. Vale a pena ler em qualquer formato.

51. *O PRINCÍPIO COGNITIVO DA TEOLOGIA CRISTÃ*, DE FERNANDO CANALE

Ouvi alguém dizer certa vez que ler Fernando Canale é um desafio por sua complexa profundidade. Tive a oportunidade de ler *O princípio cognitivo da teologia cristã* mais de uma vez. A primeira foi sem atenção, e tive muita dificuldade para entender a profundidade do livro; cheguei a pensar que fosse sem sentido. Quando li pela segunda vez, pude perceber a fundamentação mais importante que conheço sobre os fundamentos da fé cristã e seus desdobramentos. Tornou-se um dos meus livros favoritos.

Canale apresenta como as diferentes vertentes do pensamento cristão (clássico, protestante, moderno e bíblico) fundamentam sua estrutura doutrinária.

A leitura talvez seja complexa demais para adolescentes, especialmente àqueles não acostumados com leituras mais profundas. Mas é uma obra essencial para líderes que precisam entender melhor as bases sobre as quais o cristianismo foi construído.

52. *O PROBLEMA DO SOFRIMENTO*, DE C. S. LEWIS

Um verdadeiro tratado sobre a presença do pecado no mundo, em *O problema do sofrimento*, Lewis aborda aspectos lógicos que relacionam o caráter amoroso de Deus com a presença do sofrimento que as pessoas enfrentam. Tem uma linguagem filosófica que pode assustar à primeira vista, mas vale a pena investir tempo para entender os argumentos apresentados pelo autor.

É um livro importante para quem tem dúvidas a respeito do tema e também para líderes.

53. *ONDE ESTÁ DEUS QUANDO CHEGA A DOR?*, DE PHILIP YANCEY

Mais um de Philip Yancey (eu falei que é um dos meus autores favoritos). Nesse livro, ele aborda a ideia de um Deus presente em momentos difíceis. O Deus aparentemente ausente é o mesmo que observou seu Filho morrendo em uma cruz pela humanidade.

Uma leitura que inspira, emociona e fortalece a fé de qualquer pessoa que questiona o tema de seu escopo. De linguagem simples, pode ser lido por qualquer tipo de leitor.

54. *OS SEM-IGREJA*, DE NELSON BOLMILCAR

Um dos movimentos emergentes mais prolíficos no mundo religioso é o daqueles que se declaram cristãos sem pertencer a alguma denominação cristã. Nesse livro, o brasileiro Nelson Bolmilcar explora a necessidade de pastoreio especializado para esse público, especialmente no contexto no Brasil.

Para líderes de adolescentes, é uma leitura importante para construir bases sólidas sobre as quais o cristianismo se desenvolva sem os traumas das instituições formais.

55. *QUANDO O NARCISISMO INVADE A IGREJA*, DE CHUCK DEGROAT

O narcisismo não é apenas um problema individual - ele pode se infiltrar na igreja e causar estragos profundos. Chuck DeGroat expõe como líderes narcisistas afetam comunidades eclesiásticas, deixando marcas de manipulação e abuso espiritual. Mas há esperança. O autor não apenas identifica o problema; ele também aponta caminhos para restauração, trazendo uma reflexão essencial para quem deseja uma igreja mais saudável e autêntica.

A profundidade desse livro exige um leitor acostumado a reflexões sobre liderança e espiritualidade. Seu conteúdo pode ser mais útil para pastores, líderes e mentores que precisam reconhecer os sinais de um ambiente tóxico e buscar soluções concretas para uma igreja mais equilibrada.

56. *RAZÕES PARA CRER*, DE GERALD KLINGBEIL

A fé não é um salto no escuro. Gerald Klingbeil apresenta uma abordagem que une razão e espiritualidade, explorando as crenças fundamentais dos adventistas do sétimo dia de forma experiencial, conectando doutrina à vivência cristã. Mais do que um livro teológico, é um convite para enxergar a fé como algo vivo, que ilumina a mente e aquece o coração.

Seu tom acessível permite que adolescentes e adultos explorem os fundamentos da fé sem dificuldades.

Para quem está iniciando na compreensão das crenças cristãs (mesmo não adventistas), *Razões para crer* oferece um caminho claro e bem-estruturado.

57. *RELIGIÃO E POLÍTICA SIM, IGREJA E ESTADO NÃO*, DE PAUL FRESTON

Um questionamento típico do período da adolescência e da juventude é a necessidade da igreja. Nesse livro, Paul Freston aborda como as pessoas são abertas para discutir temas religiosos e políticos, mas destituídos de estruturas formais.

É um livro interessantíssimo para líderes de adolescentes e jovens que queiram entender melhor o assunto.

58. *SEM ENIGMAS*, DE RICHARD L. LITKE

A Bíblia é clara, mas algumas passagens podem parecer desafiadoras, especialmente quando são os adolescentes questionando a respeito delas. Richard L. Litke mergulha nos textos do Novo Testamento, desvendando significados ocultos e esclarecendo dúvidas comuns. Com conhecimento profundo das línguas originais, ele revela nuances que podem transformar a maneira como interpretamos as Escrituras. Para quem busca respostas sem rodeios, *Sem enigmas* é um guia indispensável.

A complexidade dos temas abordados exige um leitor mais analítico, então pode ser um desafio para adolescentes que ainda não estão acostumados com leituras bíblicas mais técnicas. Para estudiosos da fé cristã, no entanto, a obra é um material de grande valor.

59. *SURPREENDIDO PELA ALEGRIA*, DE C. S. LEWIS

É uma espécie de autobiografia da conversão de C. S. Lewis ao cristianismo; uma leitura simples, mas muito profunda. Lewis retoma as razões que o fizeram afastar-se do cristianismo, abraçar o ateísmo e retornar finalmente à ideia de Cristo.

É uma leitura inspiradora, que pode encontrar paralelos com a vida de muitos adolescentes e jovens.

60. *TEODICEIA DO AMOR*, DE JOHN C. PECKHAM

Você já se perguntou como o caráter de Deus se relaciona com a presença do mal? Essa é a premissa discutida em *Teodiceia do amor*. Teodiceia significa, literalmente, "Justiça de Deus", e a ideia do autor é abordar como a justiça de Deus se relaciona com a presença do mal no mundo. No plano de fundo dessa relação, o autor ainda aborda a relação entre a justiça de Deus e Seu amor.

É um livro para responder a questões típicas da adolescência, ainda que não trate especificamente do período.

61. *TRANSFORME SEU ADOLESCENTE ATÉ SEXTA*, DE KEVIN LEMAN

A adolescência pode parecer um campo minado, mas Kevin Leman acredita que mudanças significativas podem acontecer em apenas cinco dias. Com uma abordagem prática e bem-humorada, ele ensina como conquistar o respeito e a confiança dos filhos, tornando a convivência mais leve e produtiva. Um livro direto ao ponto, perfeito para pais que querem fortalecer laços sem perder a sanidade.

A linguagem leve e descontraída torna essa leitura extremamente acessível para qualquer pai ou educador, mesmo aqueles que não estão habituados a leituras extensas. Por ter um foco totalmente prático, é uma ferramenta valiosa para pais que desejam se conectar melhor com seus filhos.

62. *VERDADE: FILOSOFIA, COSMOVISÃO E ÉTICA CRISTÃ*, DE CARLOS FLÁVIO TEIXEIRA

Como o cristianismo muda a forma de enxergar a vida? Para responder a essa pergunta, Carlos Flávio Teixeira desenvolve o conceito de verdade e como ele está intrinsecamente relacionado com a maneira de enxergarmos a vida. Não é uma leitura rasa, pelo contrário. Mas Teixeira vai direto ao ponto em cada tópico, mostrando que a forma cristã de pensar transforma radicalmente a cosmovisão do crente, sua visão de mundo, e também o leva para uma prática que esteja de acordo com suas crenças.

É uma fundamentação importante para aqueles que precisam entender o impacto que o cristianismo deve exercer na vida do cristão no dia a dia.

Espero que, dessa longa lista, todos os títulos (ou pelo menos alguns) possam também ajudá-lo na construção de sua fé ou no fortalecimento de seu discipulado com adolescentes.

Por fim, coloco-me à disposição para contatos e dúvidas via e-mail ou redes sociais através dos QR Codes a seguir.

FACEBOOK E GMAIL

MACSUEL.REAN

grupo novo século

Compartilhando propósitos e conectando pessoas
Visite nosso site e fique por dentro dos nossos lançamentos:
www.gruponovoseculo.com.br

Ágape

facebook/novoseculoeditora
@novoseculoeditora
@NovoSeculo
novo século editora

gruponovoseculo
.com.br

Edição: 1ª
Fonte: Aleo